Janet G. Woititz

Sehnsucht nach Liebe und Geborgenheit

Wie erwachsene Kinder von Suchtkranken Nähe zulassen können

Kösel

Aus dem Amerikanischen von Karin Petersen, Berlin.
Die Originalausgabe erschien unter dem Titel
»Struggle for Intimacy« bei Health Communications,
Inc., Deerfield Beach, Florida.

ISBN 3-466-30314-1

Druck und Bindung: Kösel, Kempten.
Umschlag: Elisabeth Petersen, München.

2 3 4 5 · 01 00 99 98

Dieses Buch ist denjenigen gewidmet, die um Nähe bemüht sind und sich damit auseinandersetzen. Außerdem richtet es sich an alle, die mit Suchtmittelmißbrauch aufwuchsen, aber auch an diejenigen, deren Familien in anderer Form gestört waren.

Inhalt

Vorwort

Mehrere Monate sind jetzt vergangen, seit ich den festen Entschluß gefaßt habe, dieses Buch zu schreiben. Bevor ich anfing, diese Gedanken zu Papier zu bringen, habe ich große innere Kämpfe ausgefochten. Würde ich mich für eine Schriftstellerin halten, hätte ich diese Phase als »Schreibblock« bezeichnet. Weil ich mich aber als Klinikerin sehe, weiß ich, daß sich dahinter noch mehr verbirgt.

Für mich ist das Schreiben ein unwiderstehlicher Drang gewesen; wenn ich feststelle, daß die Worte aus irgendeinem Grund nicht fließen wollen, muß ich tiefer schauen, was sich dahinter verbirgt. Das Schreiben meines Buches *Marriage on the Rocks* verlief so leicht und schnell, daß ich mich gefragt habe, ob ich wirklich diejenige war, die dieses Buch geschrieben hat. Es war ein reinigender Akt sowohl für mich selbst als auch für andere und erfüllte einen

Zweck. Auch mein Buch *Um die Kindheit betrogen* schrieb ich mit relativer Leichtigkeit. Ich schrieb es für meine Kinder – meine hunderte von Kindern, die zu meinem Leben und zu meiner Praxis als Beraterin gehören.

Ich war beim Schreiben dieser beiden Bücher voller Zuversicht, daß ich Fragen beantwortete und einige praktische Vorgehensweisen vermittelte, von denen ich wußte, daß sie wirkten.

Über die Sehnsucht nach Liebe und Geborgenheit zu schreiben ist etwas ganz anderes. Das ist ein viel komplexeres Thema, der Schlüssel zum Glück für jeden Mann und jede Frau. Mir ist durchaus bewußt, daß ich beim Schreiben dieses Buches nicht soviel Abstand habe, wie bei meinen beiden anderen Büchern. Die Gewichtigkeit dieses Problems zieht auch mich gefühlsmäßig in Mitleidenschaft.

Vielleicht habe ich beim Schreiben über Nähe deswegen so viele innere Kämpfe ausgefochten, weil ich mir dieses Mal nicht so sicher bin, ob ich Ihnen wirklich weiterhelfen kann. Ich glaube, daß dieses Buch dazu beitragen kann, Dinge für Sie zu klären, aber ich bin mir nicht sicher, ob es Sie heilen wird. Was ich aber weiß ist, daß die Themen dieses Buches in diesem Rahmen diskutiert werden müssen.

Meine Hoffnung ist, daß Sie dieses Buch mit der Absicht lesen, einige Themen zur Sprache zu bringen, damit alte Wunden in dem Wissen geöffnet und desinfiziert werden können, daß das die Möglichkeit für ihre Heilung bedeutet. Ich fürchte, Sie werden enttäuscht sein, wenn Sie erwarten, in diesem Buch DIE EINE ANTWORT zu finden.

Die Sehnsucht nach Liebe und Geborgenheit begleitet uns alle unser ganzes Leben lang, besonders jedoch die Menschen, die mit dem Alkoholismus aufgewachsen sind. Intim und verletztlich zu sein und Nähe zuzulassen, widerspricht all den Überlebenstechniken, die *Kinder von Alkoholikern* sich angeeignet haben, als sie noch ganz klein waren. Der Erwerb von Fähigkeiten zur Herstellung von Nähe erfordert ein völliges Umlernen und ist, um es milde auszudrücken, eine gewaltige Aufgabe. Lassen Sie uns anfangen.

Dank

Für Dave, Lisa und Danny, weil sie so besondere Menschen sind.

Für meine Montagabendgruppe - Dr. Don Gregg, Ken Kirkland, Andrea Becker, Bonnie White, Eileen Lindsay, Claudia O'Brien, Ed Ellis, Miriam Sender, Sue Falan und Bernie Zweben für ihre Hilfe.

Für die "Supergören" aus meinem Kursus für erwachsene Kinder von Alkoholikern an der Rutgers Summer School for Alcohol Studies für ihre Bestätigung.

Einleitung

Obwohl die Scheidungsrate und die vielen unglücklichen Menschen, die wir alle kennen, uns bestätigen, daß nicht nur erwachsene Kinder von Alkoholikern mit Beziehungen kämpfen, haben doch diejenigen unter Ihnen, die zu dieser Gruppierung zählen, einige ganz spezielle Schwierigkeiten und Bedürfnisse.
Auch wenn die Sehnsucht nach Liebe und Geborgenheit nicht allein Ihr Problem ist, gelten für Sie wahrscheinlich ganz spezielle und nicht verallgemeinerbare Problemlösungen.
Zuerst einmal sind Sie auf die Situation, in der Sie sich im Augenblick befinden, lange vorbereitet worden. Sie hatten niemals die Chance, es »richtig zu machen«, weil Sie niemals die Erfahrung gemacht haben, wie es denn aussieht oder sich anfühlt, wenn man es »richtig macht«. Es war nicht Ihr Fehler, wenn Sie ständig das Gefühl hatten, daß andere Menschen – im Gegensatz

zu Ihnen – bestimmte Geheimnisse kannten, die ihnen halfen, gute Beziehungen zu führen.
Vielleicht verspüren Sie überwältigende Schuldgefühle, weil Ihre Bemühungen um gute intime Beziehungen so oft erfolglos waren. Auch wenn Sie durch die Lektüre dieses Buches nicht gleich auf Anhieb alle Schwierigkeiten meistern werden, so hoffe ich, daß Sie zumindest akzeptieren, daß man Ihnen die Schmerzen, die Sie bislang erlitten haben und die Ihnen zugefügt wurden, nicht zum Vorwurf machen kann.
Sie hatten kein brauchbares Rollenvorbild für liebevolle Beziehungen. Sie mußten ständig alles wieder gutmachen. Sie *wußten* zwar, daß Sie nicht wie Ihre Eltern sein wollten, aber Ihnen war nicht klar, wie Sie die guten Handlungen aus den destruktiven Handlungen herausfiltern konnten. Sie haben sich also aus dem, was Sie sich vorgestellt, aus der Entfernung beobachtet oder im Fernsehen gesehen haben, zusammenphantasiert, wie ideale Beziehungen verlaufen.
Wir alle haben gelernt, uns auf andere zu beziehen, indem wir beobachtet haben, wie unsere Eltern sich untereinander oder ihren Kinder gegenüber verhalten haben. Nehmen Sie sich, bevor Sie weiterlesen, eine Minute Zeit, um sich bildlich vorzustellen, wie Ihre Eltern sich miteinander verhalten haben. Überlegen Sie, wie Sie selbst sich auf Ihre Mutter und Ihren Vater bezogen haben. Urteilen Sie nicht. Betrachten Sie einfach möglichst objektiv Ihre Kindheitserfahrungen, so wie Sie sich daran erinnern können. Ihr Beziehungsverhalten als Erwachsener ist in großem

Maße eine Reaktion auf diese Erfahrungen – auch wenn es vielleicht ganz anders aussieht.
Sie werden im Verlauf der Lektüre dieses Buches bessere Möglichkeiten der Interaktion mit anderen Menschen lernen. Sie werden neue Alternativen wählen können, und das geht einher mit einer neuen Verantwortung, sich für bessere Möglichkeiten zu entscheiden.
Ich möchte, daß Sie sich das Vorbild für Ihre Erwachsenenbeziehungen, das Sie beim Aufwachsen in einer Alkoholikerfamilie übernommen haben, deutlich vorstellen. Die folgenden Seiten werden Ihnen einen allgemeinen Überblick geben. Denken Sie beim Lesen an Ihre eigene Kindheit und Ihre eigene Familie.

Suchtmittelabhängigkeit

Der heimtückische Eindringling

Wo fing alles an schief zu gehen? Was geschah? Wer ist verantwortlich? Worin besteht der Sinn von alledem? Was bedeutet es? Wo wird das alles enden? Ein unendlicher Kreislauf – und voller Verwirrung. Wo haben wir die Spur verloren? Ist ein Verstehen möglich?
Der Anfang sieht für jedes Paar anders aus. Aber auch wenn das so ist, verläuft die Entwicklung in ehelichen Verbindungen, in denen die Suchtmittelabhängigkeit eine Rolle spielt, doch im wesentlichen gleich. Lassen Sie uns als Ausgangspunkt zunächst einmal die Ehe-

gelübde anschauen. Die meisten Heiratszeremonien beinhalten die folgenden Aussagen: In guten wie in schlechten Zeiten – in Armut und Reichtum – in Krankheit und Gesundheit – bis daß der Tod uns scheide. Vielleicht fingen da die Schwierigkeiten an. Haben Sie wirklich gemeint, was Sie da sagten? Wenn Sie zu der Zeit gewußt hätten, daß Sie nicht die guten, sondern die schlechten Zeiten, nicht die Gesundheit, sondern die Krankheit, nicht den Reichtum, sondern die Armut und den potentiellen Selbstmord erleben würden, wäre dann die Liebe, die sie verspürt haben, all das trotzdem wert gewesen? Vielleicht sagen Sie ja, aber ich bezweifele das. Wären Sie statt romantisch realistischer gewesen, hätten Sie das »in guten wie in schlechten Zeiten« des Schwurs eher so interpretiert, daß die schlechten Zeiten vorübergehend sein und die guten anhalten würden. Der Vertrag wird in gutem Glauben eingegangen. Hinterher klüger zu sein, nützt nichts.

Die Idealisierung, die zu dieser Zeit stattfindet, ist nicht realistisch. Das gilt für alle, nicht nur für diejenigen, die mit der Suchtmittelabhängigkeit leben werden. Der Unterschied besteht darin, daß die Realität in der suchtmittelabhängigen Beziehung auch weiterhin gestört ist, und das Paar ganz allmählich den Bezug zu allem verliert, was eine glückliche eheliche Verbindung ausmacht. Wenn die Statistiken korrekt sind – und wahrscheinlich unterschätzen sie die Situation eher –, sind sehr viele von Ihnen in Haushalten mit Suchtmittelabhängigkeit aufgewachsen. Es ist wichtig, sich darüber bewußt zu sein, weil Sie wahrscheinlich von Anfang an keine Vorstellung davon hatten, wie Sie eine gesunde eheliche Beziehung führen konnten. Ihre frühen Versuche, es »richtig zu machen«, beruhten auf Vorbildern, die Sie weder gesehen noch erlebt, sondern sich eher selbst im Kopf zurechtgelegt hatten. Deswegen passen die phantastischen Gelübde völlig zu der Vorstellung: »Für uns wird das alles ganz anders sein.«

Wird sich dann später nach Hilfe umgeschaut, haben sich die Erwartungen völlig verändert. Der suchtmittelfreie Partner hat sein Selbstgefühl verloren. »Wie kann ich ihm / ihr helfen?« Das Empfinden dafür, was man von einer Beziehung erwarten kann, hat sich verschoben. Es ist nicht mehr das Himmelreich. Es ist noch nicht einmal mehr eine menschliche Verbindung zweier Partner. Es kommt zu bizarren Verzerrungen. Ich werde bleiben, »weil er mich nicht schlägt«, »weil sie nicht durchdreht«, »weil er seine Arbeitsstelle nicht verloren hat«. Stellen Sie sich vor, wir würden für das selbstverständlichste Verhalten, das wir als gewöhnliche Sterbliche zeigen, Anerkennung bekommen. Und selbst wenn das schlimmste wahr sein sollte – selbst wenn er Sie schlägt, selbst wenn sie durchdreht, selbst wenn er nicht mehr arbeitet –, selbst unter diesen Umständen werden Sie sagen: »Aber ich liebe ihn / sie doch!« Wenn ich dann erwidere: »Sagen Sie mir, was ist so liebenswert an ihm / ihr?«, kommt keine Reaktion. Es kommt keine Antwort, aber die Macht emotionaler Verwicklungen ist sehr viel größer als die Macht der Vernunft. Doch auch wenn ich das weiß, beginne ich den Samen zu sähen.

Die Realität liegt irgendwo zwischen den Gelübden auf ewig währende wunderbare Zeiten und dem Akzeptieren eines Lebens, das zur Horrorgeschichte geworden ist. Irgendwo im Dreck versteckt liegt die Wahrheit. Sie wurde nicht über Nacht verzerrt. Sie begann am einen Ende des Pendelausschlags und landete beim anderen Extrem. Irgendwie verlief der Prozeß so allmählich, daß niemand ihn sah und das mittlere Terrain unbeobachtet überschritten wurde.

Wenn ich frage: »Was *war* denn so liebenswert, als Sie beschlossen zu heiraten?«, kommt die Antwort schnell. Nicht selten höre ich folgendes: »Da war eine starke körperliche Anziehung zwischen uns, und wir konnten wirklich über alles miteinander reden. Er war mein Geliebter und meine bester Freund. (Oder: Sie war meine Geliebte und meine beste Freundin.)«

Diese Empfindungen sind aufrichtig und wichtig. Es ist wichtig zu erkennen, daß Menschen, die ihre Beziehung als Freunde und Geliebte anfingen, etwas besonders Schönes erlebten, und daß eine Suchtmittelabhängigkeit alles in Mitleidenschaft zieht. Sie verwandelt Geliebte und Freunde in Feinde. Freundschaft beruht auf verschiedenen Dingen, wie zum Beispiel gegenseitigem Vertrauen und Aufrichtigkeit, der Fähigkeit, offen miteinander zu kommunizieren, den anderen zu verstehen und von ihm verstanden zu werden. Das alles wird durch die Droge langsam aber sicher abgebaut.

Der Abbau beginnt wahrscheinlich in der Verleugnungsphase. In diesem Stadium verursacht das Trinken zwar bereits Probleme, aber niemand möchte sie sich anschauen und sich ihnen stellen. Also fängt das Lügen an. Zuerst belügt man sich selbst, und dann belügt man sich gegenseitig. Die suchtabhängige Person lügt meistens in Form von nicht eingehaltenen Versprechungen. Der suchtmittelfreie Partner lügt, um Dinge zu vertuschen. Das Vertrauen beginnt zu bröckeln. Die wirklichen Gefühle werden zurückgehalten, bis sie explodieren. Aufrichtige Kommunikation zwischen den beiden wird immer seltener.

Die körperliche Beziehung ist ein guter Indikator für das, was in der Beziehung insgesamt abläuft. Die Anziehung zwischen den beiden kann während der Verleugnungsphase sehr wohl weiterbestehen. Sie ist eine Möglichkeit, sich auch dann weiter auszutauschen, wenn Worte schwierig geworden sind. Nicht nur das, bis jetzt ist auch keinem ein besserer Weg eingefallen, nach einer Trinkphase alles wieder gutzumachen.

Allmählich wird das Interesse an körperlicher Intimität auf seiten des suchtmittelfreien Partners abnehmen. Das Bedürfnis, weniger angreifbar zu sein, beginnt das Geschehen zu bestimmten. An diesem Punkt kann die sexuelle Erfahrung rein körperlich weiterhin befriedigend sein, aber die Emotionen werden in Schach gehalten.

Wie alle anderen Bereiche auch, verschlechtert sich die sexuelle Beziehung, und was einmal eine warme, liebevolle Erfahrung war, wird jetzt zum Machtspiel und zum Mittel, seinen Ärger loszuwerden.

»Geh doch mit deiner Flasche ins Bett – mit mir nicht!« »Ich kann diesen Geruch nicht ausstehen!« »Du mußt dich entscheiden!« »Wer ist denn schon auf dich angewiesen? Es dürfte kaum schwer sein, einen besseren zu finden!«

Die Kluft vertieft sich ständig. Kein Bereich der Beziehung bleibt unbeeinträchtigt.
Das Klima wird verworren, und an Stelle der früheren offenen Kommunikation treten Verdächtigungen und Ärger. Die grundlegenden Sorgen werden nicht angesprochen, und obgleich die Partner einander noch mögen, leben sie doch ein verzerrtes Leben. Beide werden vom Suchtmittel dirigiert – der eine direkt, der andere indirekt. Einer ist nach der Droge süchtig, der andere nach dem suchtmittelabhängigen Partner.
Die Beziehung zerbröckelt sogar noch weiter ... Wenn der Suchtmittelabhängige nur bis zu diesem Punkt destruktiv wäre, bliebe der Schaden an der Beziehung noch reparierbar. Es ist möglich, den Streit zu Ende zu führen, so daß zumindest wieder reine Luft ist. Gefühle können ausgedrückt werden, und die Kommunikationskanäle können offen bleiben. Aber das ist nicht einfach.
Die heimtückische Krankheit hört jedoch hier nicht auf. Sie fährt fort, die Kluft zwischen den beiden zu vertiefen. Der suchtmittelabhängige Partner entwikkelt sich emotional nicht weiter. Er möchte sich mit Problemen nicht mehr auseinandersetzen oder konfrontieren. Ein Großteil jeder ehelichen Beziehung besteht darin, Entscheidungen zu treffen und gemeinsam Probleme zu lösen. Wohin wollen wir in den Ferien fahren? Johnny ist schon wieder schlecht in Algebra. Können wir die Küche renovieren?
Und so weiter mit all dem Stoff, aus dem das Leben ist. Über diese Themen wird nicht mehr gemeinsam verhandelt. Der suchtmittelfreie Partner übernimmt

immer mehr Verantwortung. Der Groll wächst. Die Kluft wird noch tiefer.

Ein rettendes Geschenk in schwierigen Zeiten ist die Unterstützung durch eine anteilnehmende Familie und Freunde. Auch dies gilt jedoch nur für eine gewisse Zeit; wenn die anderen nicht die gleichen Erfahrungen gemacht haben wie Sie, wird ihre Unterstützung den Schmerz nur vergrößern. Wenn sie Sie doch nur verstehen könnten! Die Isolation des suchtmittelabhängigen Paares wird größer. Beide leben immer abgesonderter von anderen Menschen, und auch der Abstand zwischen ihnen wächst.

Und die Krankheit besteht fort. Die Gefühle der beiden sind ähnlich. Beide empfinden Schmerz und Verzweiflung, aber sie geben sich gegenseitig die Schuld daran. Auch Schuldgefühle haben beide, aber die Verantwortung ist unterschiedlich verteilt. Menschen, die sich einmal nahe gewesen sind, fühlen sich jetzt die meiste Zeit über wie Fremde.

Gelegentlich befinden Sie sich beide im Zentrum des Zyklons, wo es still und ruhig ist, und Sie sind so dankbar. Sie stellen sich vor, daß die Trinkerei jetzt aufhört, und alles so wird, wie es einmal gewesen ist. Sie glauben gemeinsam daran. Und sie täuschen sich beide. Die Realität ist, daß das Leiden zunehmen wird. Es wird schlimmer werden... und so wird es auch Ihrer Beziehung ergehen – was immer noch davon übriggeblieben sein mag.

Die Kommunikation verkommt zu den verschiedensten Formen von Ärger. Die inneren Gefühle entwickeln sich zu Sorge, Angst und Verzweiflung. Die Gefühle werden von beiden empfunden, aber isoliert.

Der suchtmittelabhängige Partner betäubt die Gefühle, und der Partner, der keinen Suchtmittelmißbrauch betreibt, wird von doppeltem Schmerz überwältigt, von dem er sich nur durch Ärger und flüchtige Phantasien gelegentlich erleichtern kann.
Die Phantasie sieht so aus, daß die Trinkerei aufhören und alles wieder so sein wird, wie zu Anfang der Beziehung. Das Wunder der Abstinenz. Auch die Phantasie teilen beide miteinander. Der Alkohol wird Sie aus seinen Klauen entlassen, und Sie werden von nun an bis in alle Ewigkeit glücklich zusammenleben. Das ist in gewisser Weise die größte Lüge von allen, und trotzdem ist der Glaube an sie am meisten verbreitet. Die Trinkerei hört auf. Was bedeutet das für die Beziehung? Es bedeutet lediglich, daß der Brennpunkt für Ihre Aufmerksamkeit verschwunden ist, daß die Droge nicht mehr das ist, worauf Sie sich beide konzentrieren. Statt dessen existiert jetzt ein riesiges Vakuum. Darüber hinaus passiert nichts einfach von selbst. Das Vertrauen, das verloren gegangen ist, stellt sich nicht einfach wieder ein, nur weil der Suchtmittelmißbrauch aufhört. So wie eine ganze Geschichte nicht eingehaltener Versprechen das Vertrauen zerstört hat, muß jetzt eine neue Geschichte ins Spiel kommen, um es wieder aufzubauen. Die Lügen hören vielleicht auf, aber man fühlt sich zu verletzlich, um an diesem Punkt offen sein und sich mitteilen zu können. Der Ärger verschwindet nicht automatisch, wenn das Trinken aufhört. Die Gefühle, die durch die Droge unterdrückt wurden, wollen vielleicht nur so hervorsprudeln. Wie entsetzlich unsicher alles ist – wie entsetzlich beängstigend! Wie schwer es ist, diese

Gefühle mitzuteilen und dann noch zu erwarten, verstanden zu werden. Die Kommunikationsdrähte sind durchgeschnitten worden. Sie sind wie zwei blinde Menschen ohne Straßenkarte.
Abstinenz allein reicht nicht aus. Sie müssen eine völlig neue Beziehung aufbauen. Der neue Ausgangspunkt muß anders aussehen, als Ihr ursprünglicher Anfang. Sie fangen diesmal am besten so an, daß Sie lernen, gemeinsam Ihrer beider Probleme zu lösen und Richtlinien zu entwickeln, wie Sie miteinander reden können, statt *auf*einander einzureden. Wie kann jeder von Ihnen gehört und verstanden werden?
Wenn die Beziehung gesunden soll, erfordert das eine Menge harter Arbeit. Sie müssen sich lange und sorgfältig der Basis widmen. Die Anziehung, die den Anfang einer Beziehung begünstigt, ist verschwunden. Die Basis muß jetzt fest in der Realität verwurzelt sein.
Wenn beide Seiten sich verbindlich darauf einlassen, an der Beziehung zu arbeiten, kann sie besser werden, als eine Beziehung, bei der die Droge niemals im Spiel war. Wenn beide Menschen nach den gleichen Dingen Ausschau halten, besteht eine große Möglichkeit für gemeinsames wie auch für individuelles Wachstum. Wenn nicht, ist der Traum aus. Die beiden sind miteinander fertig. Abstinenz ist nicht das Nirwana.
Suchtmittelabhängigkeit zerstört langsam, aber gründlich. Suchtmittelfreiheit kann den Weg zum Aufbau einer gesunden ehelichen Beziehung bahnen. Sie ist das einzige Spiel weit und breit, bei dem Sie gewinnen können.

1

Welche Menschen wählen Sie sich als Liebespartner?

Warum suchen Sie sich gerade diese Liebespartner aus?

»In meiner Beziehung läuft alles schief. Ich weiß, das ist allein mein Fehler. Ich versuche alles, was mir nur einfällt, um die Beziehung in Ordnung zu bringen, aber es klappt nicht. Ich bin mir noch nicht einmal sicher, ob ich ihn/sie liebe. Vielleicht weiß ich gar nicht, was Liebe ist. Ich bin völlig durcheinander.« Klingt das vertraut? Sollte es eigentlich. Denn das ist fast wortwörtlich die Geschichte, die ich zu hören bekomme, wenn das erwachsene Kind eines Alkoholikers eine Therapie anfängt, weil eine Intimbeziehung schief geht. Und ganz gleich, ob es sich um einen zwanzigjährigen Menschen und dessen erste Beziehung handelt, oder um einen vierzigjährigen erfahrenen Menschen, der bereits eine oder mehrere gescheiterte Ehen hinter sich hat – die Geschichte bleibt die gleiche.

»Es muß einfach mein Fehler sein. Meine Beziehungen verlaufen immer so. Ich dachte, diesmal würde es anders sein, aber das stimmt nicht. Vielleicht bin ich allein besser dran.«

Haben Sie schon einmal so gefühlt? Wir alle kennen diese Gefühle – und wir alle haben mitten in einer gestörten oder problematischen Beziehung ähnlich geringschätzig von uns selbst gesprochen. Ist es »normal«, so zu fühlen? Das hängt davon ab, ob Sie aufgrund augenblicklicher Umstände so empfinden, oder ob diese Gefühle tief verinnerlichte Botschaften und damit zum permanenten Bestandteil Ihres Selbstbildes geworden sind, weil man sie Ihnen in der Zeit Ihres Heranwachsens immer wieder eingetrichtert hat. Die Gefühle sind in beiden Situationen gleich schmerzlich, aber im zweiten Fall sind sie schwieriger auszulöschen.

Lesen Sie die Äußerungen am Anfang dieses Kapitels noch einmal: »Alles läuft schief. Ich weiß, das ist allein mein Fehler. Ich tue, was ich kann, aber es klappt einfach nicht.«

Heute äußern Sie diese Sätze über Ihre Beziehung. Vielleicht ist der Rahmen für Sie neu, aber die Sätze und die Gefühle sind es nicht. Wieder einmal erleben Sie sich so hilflos wie in Ihrer Kindheit und reagieren auf ein altes »Tape«. Aber trotzdem sind die Gefühle real, und oh, so stark!

Auch andere altvertraute Gefühle kommen hoch einschließlich der Verwirrung und der Empfindung, festgefahren und nicht in der Lage zu sein, Ihr Schicksal verändern zu können.
Das alles ist Teil der Erfahrung, in einer intimen Beziehung zu leben. Alte Dinge werden ans Licht gezerrt, alte und neue, die Sie auch früher schon erlebt und empfunden haben. Sie werden alles noch einmal durchspielen. Der Prozeß und die Ergebnisse werden anders aussehen, wenn Sie daran arbeiten, aber es geht nicht ohne Bemühungen. Selbst Menschen, die nicht durch das Leben in einer Alkoholiker-Familie beeinträchtigt sind, stellen fest, daß sie an einer guten und gesunden Beziehung arbeiten müssen. Sie befinden sich also mit Ihren Anstrengungen in großer Gesellschaft!
Um etwas gründlicher erforschen zu können, wie der Kampf aussieht, mit dem Sie konfrontiert sind, ist es wichtig, daß Sie sich an einige der frühen Botschaften erinnern, die Ihre Eltern Ihnen ständig vermittelt haben. Ob Ihnen das gefällt oder nicht, und ob Sie es glauben oder nicht – diese Botschaften beeinflussen Sie auf einer unbewußten Ebene immer noch und zwar in sämtlichen Aspekten Ihres Lebens. *Um Ihr Leben verändern zu können, müssen Sie die Botschaft verändern.*
Und das Bewußtmachen dieser Botschaften ist ein erster Schritt in Richtung auf ihre Veränderung. Wenn Sie wissen, wie Ihre augenblicklichen Verhaltensmuster entstanden sind, können Sie sich allmählich von der selbstkritischen Anklage befreien, die Ihr Wesen so grundlegend prägt. Lassen Sie uns einen

Blick auf diese Doublebind-Botschaften werfen und sehen, wie diese Sie heute noch beeinträchtigen:

»Ich liebe dich. Geh weg.«

Manchmal war der alkoholabhängige Elternteil in Ihrer Familie warmherzig und liebevoll, manchmal abweisend und feindselig. Obwohl der nicht trinkende Elternteil Ihnen sagte, Sie würden geliebt, war er oder sie doch oft so gereizt und von Sorgen in Anspruch genommen, daß Sie sich selten geliebt gefühlt haben. Es gab keine Beständigkeit.

Das ist Liebe, wie Sie sie als Kind verstanden haben und auch heute noch erleben. Haben Sie sich jemals gefragt, warum Sie sich zu dem Menschen hingezogen fühlen, der sich an einem Tag warmherzig und liebevoll und am nächsten Tag abweisend verhält? Haben Sie sich jemals gefragt, warum der Mensch, der sagt, er ruft an und es dann nicht tut, Ihnen begehrenswerter vorkommt als der, der zuverlässig ist?

Sollten Sie sich zufällig auf einen Geliebten einlassen, der zuverlässig ist, würde diese Art Mensch Sie beunruhigen, weil Sie keinen Bezugsrahmen für ein solches Verhalten haben. Ich spreche hier von dem Menschentyp, dessen Leben geordnet ist, der mit einem vernünftigen Maß an Gewißheit vorraussagen kann, was der morgige Tag bringen wird. Dieser Mensch wird sich auch morgen ähnlich verhalten, fühlen und denken wie heute. Die Herausforderung, die Liebe des unsteten und manchmal abweisenden Menschen zu gewinnen, ist eine Wiederholung der Herausforderung Ihrer Kindheit. Sie sind dankbar, wenn dieser

unbeständige Mensch Ihnen einen Krümel zuwirft, und Sie langweilen sich schnell mit der Person, die ständig für Sie da ist.
Sie spielen Ihre Kindheit bis in alle Einzelheiten noch einmal durch, denn das einzig sichere war für Sie, daß nichts sicher war. Das einzig Vorhersehbare war, daß nichts vorhersehbar war. Sie verbrachten Ihre Kindheit auf einer emotionalen Achterbahn. Und das kennen und verstehen Sie. Denken Sie einmal eine Minute über folgende Frage nach: Wie oft haben Sie in Ihrer Beziehung eine Krise provoziert, um die Energie wieder ins Fließen zu bringen und sich in der Beziehung wieder auf vertrautem Gelände zu befinden?
Selbst wenn Ihnen das auf der intellektuellen Ebene einleuchtend erscheint, sollten Sie bedenken, daß es länger dauern kann, bevor Sie diese Wahrheit wirklich fühlen, da Sie bereits in einem sehr frühen Alter konditioniert wurden.

»Was du auch anfaßt, machst du falsch. Ich brauche dich.«

Das ist ein weiteres Paar widersprüchlicher Botschaften, die Sie immer wieder durchspielen. Als Kind konnten Sie den perfektionistischen Maßstäben Ihres alkoholabhängigen Elternteils niemals genügen. Wie sehr Sie sich auch anstrengen mochten, Sie waren nie gut genug. Und Sie haben wirklich geglaubt, daß es immer Ihre Schuld sei, wenn etwas schief lief. Wenn Sie nur besser gewesen wären, wäre auch für Ihre Familie alles besser gelaufen.

Trotzdem wußten Sie, daß man Sie brauchte und ohne Sie nicht zurechtkommen konnte. Auch das war vollkommen klar. Weil es den anderen unmöglich war, ohne Sie auszukommen, obwohl Sie doch zu nichts zu gebrauchen waren, haben Sie immer so lange gekämpft, bis Sie einen Weg finden konnten, die Dinge »in Ordnung zu bringen«.

Stellen Sie fest, daß Sie sich als Erwachsener zu Partnern hingezogen fühlen, die sowohl äußerst abhängig als auch äußerst kritisch sind? Fühlen Sie sich zu Menschen hingezogen, die Sie ständig heruntermachen, obwohl Sie wissen, daß sie ohne Sie nicht zurechtkommen können? Sie fahren fort, sich um ihre Anerkennung zu bemühen, weil Sie auf einer tieferen Ebene daran glauben, daß es in der Beziehung nicht so viele Schwierigkeiten geben würde, wenn Sie nur gut genug wären. Und Sie wissen, daß Sie einen Menschen, der so verzweifelt auf Sie angewiesen ist, nicht im Stich lassen können. Kommt Ihnen das bekannt vor? Eine weitere Einstellung, die Sie geprägt hat.

»Ja, es stimmt, daß deine Mutter/dein Vater all diese schrecklichen Dinge getan/gesagt hat. Aber du mußt verstehen, daß sie/er betrunken war.«

Diese Doublebind-Botschaft wirkt sich besonders zerstörerisch auf Sie aus, wenn Sie in einer intimen Beziehung leben. Ihr Unbewußtes erzählt Ihnen, wenn Sie nur eine Entschuldigung für unentschuldbares Verhalten finden, müßten Sie glauben, daß dieses zu entschuldigen ist.

Im Familiensystem, das durch den Alkoholismus gestört ist, wird der Alkoholiker selten für sein Verhalten zur Verantwortung gezogen. Wahrscheinlich bekommt das Kind eher von dem anderen Elternteil Sätze zu hören wie: »Was kannst du von einem Trinker/einer Trinkerin schon anderes erwarten?« Oder im früheren Stadium der Genesung der Familie: »Du mußt verstehen, daß dein Vater/deine Mutter unter einer Krankheit leidet.« Das Kind hört daraus die Botschaft, daß der entsprechende Elternteil tun kann, was er nur will, wenn er als Entschuldigung einfach seine Betrunkenheit oder den Alkoholismus anführt.
Wenn es um Ihre Liebesbeziehungen geht, sind Sie als Erwachsener heute der verständnisvollste Mensch von der ganzen Welt. Stimmt's? Sie finden in fast jeder Situation eine Möglichkeit, alles wieder ganz in Ordnung zu bringen, und wenn *irgend jemand* etwas falsch gemacht haben muß, nehmen Sie den Fehler mit Sicherheit auf sich. Sie haben gelernt, Verständnis aufzubringen, und Sie haben gelernt, die ganze Verantwortung auf sich zu laden.
Wenn Sie also von irgend jemandem mies behandelt werden, analysieren Sie die Situation und erlauben sich nicht, Ärger zu empfinden. Ein Verhalten verstehen heißt nicht, daß es zwangsläufig akzeptabel wird. Aber Sie haben als Kind sehr gut gelernt, wie man das macht, und haben noch den Schmerz über die schlechte Behandlung vor sich verleugnet, weil Sie glaubten, daß Ihr Vater oder Ihre Mutter Ihnen »das nicht angetan hätte, wenn er/sie nüchtern gewesen wäre«.
Dieses Verhalten enthält sowohl Elemente von Kontrolle als auch Elemente von Schuld. So sehen die

Gedankenabläufe aus, die einem Kind durch den Kopf gehen, das in einem alkoholabhängigen Familiensystem lebt: »Wenn ich mich schuldig fühle, muß ich verantwortlich sein. Und wenn ich verantwortlich bin, kann ich etwas tun, um alles wieder in Ordnung zu bringen, um es zu ändern, um es anders zu machen.« Ihre Schuldgefühle aufgeben heißt auch, Ihr Gefühl aufgeben, daß Sie die Situation unter Kontrolle haben. Und natürlich ist der Kontrollverlust eine Katastrophe. Sie sind beim Aufwachsen darauf vorbereitet worden, der perfekte Fußabtreter für eine rücksichtslose Person zu sein. Oft enden Sie in einer Beziehung, in der Geben und Nehmen vollkommen ausgewogen sind... Sie geben und geben, und die anderen nehmen.

»Ich bin ganz bestimmt für dich da – nächstes Mal. Ich gebe dir mein Wort.«

Die unterschwellige Botschaft lautet hier: Vergiß es! So haben Sie also gelernt, nichts zu wollen, damit Sie nicht enttäuscht werden.

Manchmal werden Sie unbeabsichtigt zum Fußabtreter für einen Partner, der Sie wirklich nicht so behandeln will. Oft haben Sie alles satt und sind voller Groll. Sie beklagen sich darüber, daß Sie in der Beziehung alles machen müssen – und trotzdem ist es für Sie fast unmöglich, für sich selbst um etwas zu bitten. Sie möchten, daß Ihr Partner Ihre Gedanken liest.

Ihre Angst davor, um etwas zu bitten und es dann nicht zu bekommen, bereitet Ihnen ebensoviel Unbehagen wie Ihre Furcht, um etwas zu bitten, und es dann zu *bekommen*! Die erste Reaktion bestärkt Sie in Ihrem Glauben, daß Sie nicht verdienen, was Sie wollen, und die zweite Möglichkeit ist Ihnen so wenig vertraut, daß Sie einfach nicht wissen, wie Sie damit umgehen sollen. Selbst ein einfaches Kompliment kann Ihnen äußerst unangenehm sein.

Sie gehen mit der ganzen Situation so um, daß Sie die Verantwortung für Ihr Glück abtreten. Sie beschließen, daß Ihr Partner wissen muß, was Sie wollen, und sich entsprechend verhalten soll, ohne daß ihm jemals etwas gesagt wurde. Zum Beispiel: »Wenn ich ihm erst sagen muß, daß ich an meinem Geburtstag gern ins Theater gehen möchte, beweist das doch nur, daß er mir nicht wirklich einen Gefallen tun will.« Damit haben Sie Ihren Geliebten in eine bestimmte Ecke gestellt und können daraus weiter schließen, daß er Sie nicht liebt, wenn er die vagen Hinweise, die Sie in seine Richtung schicken, nicht aufgreift. Sie werden nur glücklich mit einem, der Gedanken lesen kann, einem Phantasiehelden, der automatisch weiß, was Ihnen gefällt.

»Alles ist in Ordnung, mach' dir also keine Sorgen. Aber wie um alles in der Welt soll ich nur mit der ganzen Situation zurechtkommen?«

Diese Botschaften dringen beide durch. »Mach' dir keine Sorgen – es wird schon werden.« Und trotzdem empfangen Sie von Ihren Eltern das unterschwellige Gefühl, daß *nichts* in Ordnung ist. Das Resultat ist, daß Sie sich in der Zeit Ihres Heranwachsens zu einem Supermenschen entwickelt haben. Sie können (und werden) sich um alles kümmern. Sie haben den Überblick. Niemand in Ihrer Umgebung muß sich um irgend etwas sorgen. Sie machen das schon. Wie oft sagen Sie Sätze wie die folgenden: »Mach' dir keine Sorgen, wir werden mein Auto nehmen. Ich habe genug Geld dabei. Ich werde etwas zu essen einkaufen. Ich werde alle Vorbereitungen treffen. Mach' dir keine Sorgen, das ist kein Problem für mich.«

2

Was ist denn überhaupt eine gesunde Beziehung?

»Wie sieht denn eine gesunde Beziehung aus? Wie fühlt sie sich an? Wie komme ich dahin? Wie kann ich wissen, ob ich in einer gesunden Beziehung lebe?«

Das sind sehr wichtige Fragen, denen wir uns zuwenden müssen. Der Wunsch, in einer gesunden Intimbeziehung zu leben, bezieht sich auf einen umfassenden Zustand. Und genau zu definieren, was »gesund« ist, heißt, sich mit einer umfassenden Frage auseinandersetzen.

Sie wissen, daß Sie in einer gesunden Intimbeziehung leben, wenn Sie sich ein Umfeld geschaffen haben, in dem folgendes gilt:

1. Ich kann ich selbst sein.
2. Du kannst du selbst sein.
3. Wir können wir selbst sein.
4. Ich kann wachsen.
5. Du kannst wachsen.
6. Wir können zusammen wachsen.

Das ist im wesentlichen alles. Es ist paradox, daß eine gesunde Beziehung mir die Freiheit gibt, ich selbst zu sein, und ich trotzdem nicht weiß, wer ich bin, denn mich selbst kennenzulernen ist ein lebenslanger Prozeß. Selbst wenn Sie vielleicht kein ausgeprägtes Gefühl dafür haben, wer Sie sind, erkennen Sie deutlich, wenn man Ihnen *nicht* die Freiheit läßt, Sie selbst zu sein. Sie fühlen deutlich, wenn Sie verurteilt werden. Sie fühlen deutlich, wenn Sie einen Eiertanz vollführen, und wenn Sie Angst davor haben, Sie könnten einen Fehler machen. Persönliche Freiheit heißt konkret, daß Ihr Partner sich in Ihren Prozeß, Sie selbst zu sein und zu werden, nicht einmischt und Sie nicht verurteilt.

Sie lassen Ihrem Partner die gleiche Freiheit, die Sie für sich selbst fordern. Sie akzeptieren Ihren Partner, wie er ist, und versuchen nicht, die Macht Ihrer Liebe dafür einzusetzen, ihn oder sie in einen Schwan zu verwandeln. Sie verlieren sich nicht in Ihre Phantasien vom idealen Menschen, als den Sie ihn gerne hätten, um sich dann darauf zu konzentrieren, diese Phantasien Wirklichkeit werden zu lassen. Sie beziehen sich vielmehr auf diese Person, wie Sie wirklich ist.

»Ich akzeptiere dich bedingungslos, und du akzeptierst mich bedingungslos.« Das ist die Grundlage. Das bedeutet nicht, daß Veränderungen der Persönlichkeit oder von Verhaltensweisen unmöglich oder unerwünscht sind –, es bedeutet vor allem, daß der Ausgangspunkt für Ihre Beziehung darin besteht, daß Sie Ihren Partner so akzeptieren, wie er ist.

»Wir sind frei, wir selbst zu sein.« Jedes Paar definiert seine Beziehung individuell auf der Basis von gemeinsamen Werten und Interessen. Zunächst muß jeder der beiden festlegen, was für ihn als Individuum von Wert ist, und dann können sie aus ihrer Getrenntheit eine Einheit entwickeln. Einige Unterschiedlichkeiten sind unwichtig und können entweder ignoriert oder geregelt werden. Für Punkte wie, »Du schraubst die Zahnpastatube nie zu«, oder »Ich hasse Kirchentreffen«, lassen sich zum Beispiel leicht Regelungen finden.

Andere Unterschiede sind bedeutsam und müssen geklärt werden, wenn die Beziehung weiterhin gesund bleiben und überleben können soll. Beispiele für kritischere Themen sind: »Ich will keine Kinder«, oder »Ich möchte mit deiner Mutter nichts mehr zu tun haben.«

Viele Erfahrungen werden dadurch vertieft, daß Sie sie als Paar erleben. Gemeinsam einen schönen Sonnenuntergang, einen Spaziergang am Strand oder ein liebevoll zubereitetes Essen genießen sind Beispiele für das »Wir«, das eine Partnerschaft so wünschenswert macht. Es bereichert mich, wenn ich mich habe – du dich hast – und wir uns haben.

Eine gesunde Beziehung schafft eine Umgebung, in der ich wachsen kann. In diesem Klima, das mich unterstützt, ermuntere ich auch dich zum wachsen. Dadurch daß wir beide individuell in bestimmte Rich-

tungen wachsen, entwickeln wir uns auch als Paar gemeinsam.
Ein Paar wächst auch zusammen, indem es gemeinsame Ziele entwickelt und Möglichkeiten erarbeitet, sie zu erreichen. Interessanterweise verhilft die Reise zum Ziel und nicht unbedingt das Ziel selbst der Beziehung zum Wachsen. Ob Sie das Ziel erreichen oder nicht wird zum Teil des Prozesses, der Sie zur nächsten gemeinsamen Erfahrung führt.
Intimität heißt, daß Sie eine Liebesbeziehung mit einem anderen Menschen haben, in der Sie sich gegenseitig Achtung, Verständnis und das Gefühl schenken, intellektuell, emotional und körperlich geschätzt zu werden.
Je mehr Bereitschaft Sie zeigen, sich mitzuteilen und für den anderen offen zu sein, desto größer die Intimität.
Eine gesunde Beziehung ist kein Machtkampf. Sie beide müssen nicht bei allen Dingen gleicher Meinung sein.
Eine gesunde Beziehung ist nicht symbiotisch. Sie beide müssen nicht immer das gleiche empfinden.
Eine gesunde Beziehung ist nicht beschränkt auf eine sexuelle Beziehung, die mit dem Orgasmus zwangsläufig endet, sondern beruht auf der gemeinsamen Freude am Teilen und Erforschen.

3

Beziehungsthemen von erwachsenen Kindern von Alkoholikern

Sie haben mit vielen Mythen gelebt, die Ihr Familiensystem erzeugt und aufrechterhalten hat. Aus diesem Grunde haben Sie sich dermaßen unter Druck gesetzt, daß Sie sich fragen, ob eine gesunde Intimbeziehung ihren Preis überhaupt wert ist.
Sie fühlen sich zerrissen von einem Komm-Geh-Gefühl, das für andere illusorisch sein mag, für Sie aber sehr real ist und Sie manchmal lähmt.
»Ich möchte mich gerne einlassen – ich möchte mich nicht einlassen.«
»Ich möchte jemandem begegnen. Ich möchte niemandem begegnen.«

»Ich möchte dich besser kennenlernen. Bitte geh doch einfach weg.«
Diese Muster hindern Sie daran, von Beziehungen das zu bekommen, was Sie gern haben möchten.
Ihr erster Schritt besteht deshalb darin, sich diese Mythen ganz genau und nüchtern anzuschauen. Durchschauen Sie sie. Weisen Sie sie zurück. Und dann ersetzen Sie sie durch das, was in der wirklichen Welt existiert. Das ist keinesfalls eine leichte Aufgabe, denn Sie haben lange Zeit mit diesen Mythen gelebt. Sie werden sich nicht über Nacht in Luft auflösen. Sie sich deutlich zu machen, ist der Beginn.

Mythos: »Wenn ich mich auf dich einlasse, verliere ich mich selbst.«

Wahrheit: In der wirklichen Welt bereichern gesunde Beziehungen uns, ohne uns aufzusaugen.

Angst vor Selbstverlust

Diese Angst existiert deswegen, weil Sie beim Heranwachsen zum Erwachsenen niemals ein klares Selbstgefühl entwickelt haben. Die frühen Botschaften, die Sie von Ihren Eltern erhielten, waren sehr verwirrend. Durch den Mangel an klaren Botschaften waren Sie gezwungen, sich viele Ihrer Überzeugungen und Werte selbst auszudenken, statt sie sich mit Hilfe von Beispielen anzueignen.
Weil sich Ihre Eltern nicht so zuverlässig um Sie gekümmert haben, wie ein Kind es braucht, mußten Sie

für sich sehr oft selbst Eltern spielen. Deswegen sind Sie sich unschlüssig geblieben, wer Sie wirklich sind. Ihr Ich-Gefühl befindet sich immer noch in der Entwicklung und ist leicht zu beeinflussen. Im Idealfall sind zu der Zeit, wo ein Mensch das Erwachsenenalter erreicht, die inneren Botschaften sehr viel stärker als äußere Einflüsse. Mit anderen Worten, Ihre Entschlüsse beruhen darauf, was Ihr Wissen und Ihr Instinkt Ihnen sagen, statt davon abhängig zu sein, was Sie im Augenblick gerade lesen oder von anderen erzählt bekommen.

Für erwachsene Kinder von Alkoholikern ist dieser Zustand von Vertrauen in ihre Fähigkeit, Entscheidungen zu treffen und sich danach zu verhalten, nicht so leicht zu erreichen. Die Meinung von anderen Menschen beeinflußt Sie oft. Wenn Sie also daran gearbeitet haben, Sie selbst zu sein, und allmählich Vertrauen in Ihre Fähigkeit entwickeln, Entscheidungen zu treffen, können Sie sich von der Vorstellung bedroht fühlen, sich auf einen anderen Menschen einzulassen, dessen Meinungen und Vorstellungen Ihnen wichtig sein werden – und der Sie auf eine Art und Weise beeinflussen könnte, wie Sie es nicht wollen.

Dieses Gefühl von Unsicherheit ist nicht gleichbedeutend mit »Selbstverlust«. Es heißt lediglich, daß Sie viele Ihrer Wahrnehmungen, Meinungen und Reaktionen sorgfältiger daraufhin »untersuchen« werden, woher sie stammen. Damit erwerben Sie sich ein wertvolles Wissen. Ihr nächster Schritt besteht darin, Ihre Meinungen nicht einfach zu verwerfen und neuen Anregungen automatisch den Vorrang zu geben. Denken Sie noch einmal darüber nach. Lassen Sie sich

etwas Zeit, die Situation einzuschätzen und zu betrachten.
Damit haben Sie in jeder Situation drei Möglichkeiten: Sie können Ihre ursprüngliche Haltung beibehalten, sie verändern oder eine völlig neue Haltung einnehmen, die Ihre eigenen Gedanken zu dem entsprechenden Thema und die Überlegungen von anderen vereint. Sie werden sehr viel mehr Zutrauen in die Entscheidungen haben, die Sie treffen, und sich durch die Meinung anderer Leute viel weniger bedroht fühlen.

Mythos: »Wenn du mich wirklich kennen würdest, würde dir nichts an mir liegen.«

Wahrheit: Sie sind wahrscheinlich als Schauspieler/in gar nicht so gut, wie Sie denken! Ihr Liebster oder Ihre Geliebte *kennen* Sie wahrscheinlich bereits. Und er oder sie mag Sie trotz allem!

Angst, durchschaut zu werden

Viele erwachsene Kinder von Alkoholikern machen sich ständig Sorgen darüber, daß der Mensch, den sie lieben, nichts mehr mit ihnen zu tun haben will, wenn er sie wirklich kennenlernt. Obwohl Sie sich nicht genau vorstellen können, wie die reale und abstoßende Person aussehen soll, die Sie vielleicht sind, empfinden Sie diese Ängste doch als sehr stark.
Sie versuchen, diese Möglichkeit abzuwehren, indem Sie Ihre Phantasien vom Verhalten des perfekten Mensch ausagieren. Sie versuchen so zu tun, als wäre

Ihr Leben vollkommen in Ordnung und als hätten Sie überhaupt keine Probleme. Schließlich wird das einfache, menschliche, reale Du mit all seinen menschlichen Schwächen für jemanden, den Sie lieben, niemals gut genug sein.
Diesen Glauben haben Sie sich nicht ausgedacht. Seit Ihrer Kindheit hat man Ihnen direkt und indirekt immer wieder gesagt, daß Sie der Grund für die familiären Schwierigkeiten seien. Wenn Sie einem geliebten Menschen näher kommen, wird Ihre dunkle Seite enthüllt, und das wird den anderen veranlassen, Ihre positive Seite, die er bis jetzt geliebt hat, zu verneinen. Der erste Schritt, diesen Glauben als Erwachsener loszulassen, besteht in knallharter, nüchterner Logik. Denken Sie einmal darüber nach. Hatten Sie als Kind wirklich die Macht, die Schwierigkeiten in Ihrer Familie zu verursachen? Wenn Sie ehrlich sind, müssen Sie diese Frage mit »Nein« beantworten.

Mythos: »Wenn du herausfindest, daß ich nicht perfekt bin, wirst du mich verlassen.«

Wahrheit: Niemand ist perfekt. Und Perfektion gibt es nicht.

Angst vor dem Verlassenwerden

Die Angst vor dem Verlassenwerden ist bei erwachsenen Kindern von Alkoholikern sehr stark, und sie sieht anders aus, als die Angst davor, zurückgewiesen zu werden. Mit Zurückweisung können Sie offen-

sichtlich umgehen und sich darauf einstellen. Die Angst vor dem Verlassenwerden jedoch sitzt aufgrund Ihrer Kindheitserfahrungen sehr viel tiefer.
Wie wir bereits besprochen haben, entwickelt sich das Kind, das die Erfahrung macht, mit dem Alkoholismus zu leben, zu einem Individuum mit einem schwachen und sehr schwankenden Selbstgefühl. Diese Menschen haben ein enorm kritisches Selbst, das nicht die Nahrung bekommen hat, die es braucht. Ihr Selbst ist ein sehr hungriges und in vieler Hinsicht sehr unsicheres Selbst.
Die Ursache dafür ist der Umstand, daß Sie nie wußten, ob und wann Ihre Eltern emotional für Sie da sein würden. Sie waren auf Unberechenbarkeit und Unzuverlässigkeit eingestellt. Wenn die Trinkerei erst einmal anfing, existierten Sie einfach nicht mehr. Ihre Bedürfnisse wurden nicht befriedigt, solange die Trinkphase und sämtliche Begleitkrisen nicht vorbei waren. Was für ein schreckliches Gefühl! Ganz gleich, was Sie taten, um es zu verhindern, es kam in jedem Fall doch dazu.
Einige Kinder versuchten in einer solchen Situation weiterhin dafür zu sorgen, daß ihre Bedürfnisse erfüllt wurden, während andere ganz aufgaben. Die Kinder, die ganz aufgaben, haben nicht soviel Angst davor, Beziehungen zu Erwachsenen einzugehen, wie diejenigen, die weiterhin an der Phantasie festhalten, daß die Dinge diesmal ja vielleicht doch anders laufen könnten.
Ihre ständige Angst ist jedoch, daß der Mensch, den Sie lieben, morgen nicht mehr für Sie da sein wird. In dem Versuch, sich davor zu schützen, daß Sie den

Geliebten verlieren, idealisieren Sie die Beziehung sowie Ihre Rolle in der Beziehung. Ihr Schutz vor dem Verlassenwerden besteht darin, daß Sie mit aller Anstrengung versuchen, perfekt zu sein und sämtlichen Bedürfnissen des oder der anderen nachzukommen. Immer wenn etwas schief geht (und im Leben gehen nun einmal Dinge schief) und es zu Konflikten kommt (und im Leben gibt es nun einmal Konflikte), wird die Angst vor dem Verlassenwerden beherrschender als das augenblickliche Thema, das geklärt werden müßte. Diese Angst ist so groß, daß erwachsene Kinder von Alkoholikern darüber nicht selten das eigentliche Problem aus den Augen verlieren.

Ein typisches Beispiel dafür ist der Streit, den Mary A., sechsundzwanzig Jahre alt (eines von sechs Kindern, deren Vater immer noch trinkt), mit ihrem Freund hatte. Sie fingen an, sich zu zanken, weil er sich anderen Frauen zuwandte, und Mary ärgerlich darüber wurde. Der Freund reagierte defensiv und sagte ihr, sie sei paranoid, und der Streit ging weiter. Als er ging, verwandelte sich Marys Ärger schon bald in ein Gefühl von Panik.

»Oh mein Gott, ich hatte sicher unrecht. Vielleicht habe ich übertrieben reagiert. Vielleicht liegt ihm nichts mehr an mir. Vielleicht verläßt er mich jetzt. Wenn ich nicht immer so unsicher wäre, hätte mich sein Verhalten vielleicht gar nicht gestört.« Ein klassisches Beispiel für das Gefühl, verlassen zu sein.

Innerhalb von drei Stunden war Mary A. zur Wohnung ihres Freundes gefahren, hatte ihm eine rote Rose überreicht und sich bei ihm für ihr Verhalten entschuldigt.

Als sie mir die Geschichte später erzählte, fragte ich sie: »Und wie haben Sie das Problem geklärt?«
Sie sah mich zuerst verwundert an und sagte dann: »Ach das!«
Ihre schreckliche Angst vor dem Verlassenwerden hatte das ursprüngliche Thema völlig aus ihrem Denken gelöscht. Das eigentliche Problem ging verloren, als die Panik einsetzte. Die schmerzliche Angst vor dem Verlassenwerden zu vermindern wurde jetzt zu ihrem vorrangigen Ziel.
In Fällen wie diesem verschwindet das Problem nicht einfach, weil es ignoriert wird. Es wird wieder auftauchen – vielleicht in der gleichen, vielleicht auch in einer anderen Form –, bis Sie sich damit auseinandersetzen oder es zu einem ernsthaften unterschwelligen Thema für die Beziehung wird. Durch das Unterdrükken gerät das Problem nicht in Vergessenheit.
Marys Problem illustriert auch die Angst vor »Selbstverlust« und vor dem »Durchschautwerden«.
Mary beginnt damit, daß sie sich ganz auf seine Reaktion auf das Erlebnis konzentriert. Dann stellt sie sich Fragen und macht sich Sorgen über seine Reaktion auf andere Erfahrungen. Sie denkt ständig über ihn nach, besonders in den Zeiten, in denen er nicht auf sie eingeht. Sie richtet ihre Aufmerksamkeit völlig auf ihn, fragt sich, was er von ihr denken mag und wie sie verhindern kann, ihn zu verlieren.
Und was ist mit Marys Bedürfnissen? Was ist mit der Tatsache, daß sie einfach nicht erleben möchte, wie er mit anderen Frauen flirtet und sie dabei ignoriert? Sie beginnt sich streng dafür zu verurteilen, daß sie auf sein Verhalten reagiert hat. Und schon beginnt die

Frau, die diese Reaktion spürte, zu verschwinden, etwas, was Mary an sich kennt und haßt. Als ich Mary das nächste Mal traf, bemerkte sie: »Ich neige dazu, mich in jeder Beziehung, auf die ich mich einlasse, zu verlieren. Vielleicht sollte ich sie jetzt beenden.«
Mary hat nicht viel Selbstwertgefühl und befürchtet, daß er das entdeckt. Sie glaubt, ihn an der Nase herumführen zu können, indem sie ihm ihr bestes Verhalten auftischt. Das führt zu heftigen Spannungen in der Beziehung, aber sie hat Angst, offen und ehrlich zu sein. Jetzt beginnt sie sich zu fragen, ob sie richtig reagiert hat und sagt: »Das ist wirklich mein Fehler. Wäre ich selbstsicherer, hätte ich mich nicht so aufgeregt, als er sich anderen Frauen zuwandte. Meine Unsicherheit ist das Störende.
Wenn er wüßte, wie unsicher ich wirklich bin, würde er sich nicht mehr mit mir abgeben. Vielleicht ist es ganz gut, daß wir den Streit auf diese Weise beendet haben. Ich möchte, daß er mich als ›ausgeglichene‹ Frau erlebt, nicht als ängstliches kleines Mädchen. Mit diesem ängstlichen kleinen Mädchen würde er nichts zu tun haben wollen.«
Wie lange kann Mary vorgeben, eine andere zu sein? In Wirklichkeit sieht er wahrscheinlich bereits das »ängstliche kleine Mädchen« in ihrer Persönlichkeit und fühlt sich zu dem ganzen komplexen Menschen hingezogen, der sie ist. Wahrscheinlich verbirgt sie ihre Ängste gar nicht so gut, wie sie glaubt – oder es gerne möchte!
Es ist nicht wichtig, ob Marys Reaktion auf das Verhalten ihres Freundes ihre eigene Unsicherheit wiedergibt oder darauf beruht, daß er wirklich etwas

Anstößiges getan hat. Wahrscheinlich war es eine Kombination aus beidem. Wichtig ist aber, daß das Paar über das Thema sprechen kann.
Wenn sie sich unsicher fühlt, wird sie nicht dadurch sicherer werden, daß sie diese Gefühle verleugnet. Sie muß diese Gefühle eingestehen, damit die Beziehung sich zu dem Punkt entwickeln kann, wo sie sich sicherer fühlt. Wenn ihm – wie er ihr sagt – wirklich soviel an ihr liegt, wird er versuchen, sich auf ihre Gefühle einzustellen. Ebenso wichtig ist es für sie zu erkennen, ob er überhaupt daran interessiert ist, sich auf ihre Gefühle einzustellen, oder ob er lieber herumspielen möchte. Die mangelnde Bereitschaft, sich bei kleineren Dingen auf den anderen einzustellen, signalisiert auch eine mangelnde Einfühlung bei wichtigeren Themen, wie sie in Zukunft auftauchen können. Sollte das der Fall sein, gibt diese Beziehung Mary vielleicht gar nicht das, wonach sie sucht.

Mythos: »Wir sind eins.«

Wahrheit: In der wirklichen Welt bist du du, und ich bin ich. Und dann gibt es noch uns.

Bindung

Vor allem wenn Ihre Mutter die Alkoholikerin war, haben Sie mit ziemlicher Sicherheit in Ihren ersten Jahren nicht die Bindung erlebt, die Kinder in anderen Familien erfahren. Sie konnten sich nicht darauf verlassen, daß Ihre Eltern zuverlässig auf Ihre Bedürfnisse ein-

gingen, daß man Sie im Arm hielt und liebkoste, damit Ihre Ängste sich auflösten und Ihre Verletzungen heilten. Sie konnten nicht darauf vertrauen, daß Ihre Mutter Sie beruhigte, wenn Sie das Gefühl hatten, schlecht zu sein, ob Sie damit nun recht hatten oder nicht.
Das beeinträchtigt die Art und Weise, wie Sie sich auf andere einlassen sowie die Intensität dieses Einlassens.
Chris L., 33 Jahre alt, deren Mutter Alkoholikerin ist, nahm an einem Seminar für Gruppendynamik am örtlichen College teil. Sie berichtete, daß sie anders gewesen sei als ihre Schulkameraden, weil diese ständig damit beschäftigt waren, gegen die Bindung zu ihren Eltern anzukämpfen, während ihr eigener lebenslanger Kampf in dem Versuch bestand, Bindungen *herzustellen.*
Es ist wichtig, diesen Unterschied zu verstehen und die Auswirkungen zu erkennen, die er auf das frühe Stadium einer Beziehung hat. Erwachsene, deren Bedürfnisse zu einem großen Teil zu Hause erfüllt wurden (oftmals in einem ganz ungesundem Maße!), sind in der Lage zuzulassen, daß eine neue Beziehung sich langsam entwickelt. Ihr Engagement für die Beziehung kann sich langsam entfalten, parallel zu einem wachsenden Vertrauen.
Wer aber in einer Familie aufgewachsen ist, in der niemals richtige Bindungen entstehen konnten, der gibt in eine Beziehung – wenn überhaupt – sofort alles und zwar auf einer tiefen emotionalen Ebene. Solche Menschen ergreifen die Gelegenheit zu einer Bindung und lassen sich tief darauf ein, noch bevor sie überhaupt begreifen, was geschieht.

In den frühen Stadien einer Beziehung haben die Gefühle eine große Intensität. Die Körperchemie, die für die Anziehung zwischen Ihnen beiden sorgt, wird aktiviert, und beide Seiten sind äußerst aufmerksam und zugewandt. Dieses Maß an Intensität ist Ihnen vertraut, weil es sich ähnlich anfühlt wie die energetische Aufladung, die Sie in einer Krise erleben.

Zu dieser Zeit sehnen sich beide Partner sehr nach Verschmelzung. Sie denken ständig aneinander, rufen sich häufig an und haben den starken Wunsch, zusammenzusein. Emotional ist das eine sehr intensive Zeit. Diese frühen Stadien könnte man eher als »Verwicklung« betrachten, als darin eine »Beziehung« zu sehen. Eine Phantasie wird durchgespielt. Sie können diese Intensität, die so reizvoll ist, nicht halten. Dies ist einfach ein dynamischer Anfang und nicht das, was eine gesunde Beziehung ausmacht.

Anfangs schmeichelt das dem neuen Partner, und die Nähe fühlt sich gut an. Oft genießt der Partner das Gefühl, gebraucht zu werden und die Bedürfnisse seines Liebesobjektes zu erfüllen. Aber nach einer Weile beginnt die Nähe sich erstickend anzufühlen und wird immer mehr zur Belastung. Ihr Partner wird, wenn er gesund ist, den Wunsch verlieren, sich völlig und ausschließlich der Beziehung zu widmen. Es gibt im Leben auch noch andere Prioritäten. Die Folge ist, daß die Illusion von der wahren Liebe verschwindet, und die Dinge ins richtige Blickfeld zu rücken beginnen.

Wenn das Leben dann anfängt, sich zu normalisieren, die Intensität abnimmt, und das Telefon nicht mehr ständig klingelt, haben Sie das Gefühl, hängengelassen und zurückgewiesen zu werden. Sie glauben, daß dem Partner nichts mehr an Ihnen liegt, weil er oder sie nicht mehr den Wunsch hat, jede Minute mit Ihnen zu verbringen. Aus Ihrer Sicht fühlt sich das an, wie verlassen zu werden. Das ist wieder einmal das Szenarium Trinker gegen Nicht-Trinker. Sie spüren die gähnende innere Leere jetzt sogar noch deutlicher als zuvor.

Ihr Klammern zwingt Ihren Partner in die »Ich liebe dich, geht weg«-Haltung, auch dann, wenn Ihrem Geliebten noch etwas an Ihnen liegt. Wenn Sie fortfahren, Ihre Rolle durchzuspielen, steuern Sie damit genau auf das zu, was Sie am meisten befürchten: zurückgewiesen und verlassen zu werden. Dann werden Sie sehr verwirrt sein, denn Sie wollten doch von ganzem Herzen eine liebevolle Beziehung. Und wieder einmal werden Sie denken, Sie hätten sich den falschen Menschen ausgesucht. In Wahrheit aber hatten Sie an Ihre Beziehung vielleicht ganz einfach unrealistische Erwartungen. Um diese Situation zu vermeiden, ist es wichtig, daß Sie ganz klar wissen und äußern, was Ihre Beziehung Ihnen geben soll.

Andrerseits können Sie auch so reagieren, daß Ihnen am anderen nichts mehr liegt, und Sie die gerade erst aufkeimende Beziehung beenden. Das kann heißen, daß Sie nach Intensität »süchtig« sind und sich selbst an der Nase herumführen, indem Sie Intensität mit der Beziehung selbst gleichsetzen. Oder es bedeutet, daß Sie entsetzliche Angst davor haben, den anderen wirklich kennenzulernen und von ihm kennengelernt zu werden. Vielleicht gilt von beidem etwas.

Mythos: »Verletzlich sein hat immer negative Folgen.«

Wahrheit: In der wirklichen Welt hat Verletzlichkeit manchmal negative und manchmal positive Folgen. Aber sie ist der einzige Weg, der zu Intimität führt.

Verletzlichkeit

Sie haben schon früh gelernt, daß Sie allein für Ihr Glück verantwortlich sind und andere Menschen Sie nur dann ärgerlich machen können, wenn Sie es zulassen. Sie haben erfahren, daß Sie die Kontrolle über Ihre Gefühle haben. Das war für Ihre Fähigkeit, in einem vom Alkohol geprägten Umfeld emotional zu überleben, von ganz wesentlicher und ausschlaggebender Bedeutung. Aber jetzt müssen Sie Ihre Gefühle anderen zeigen, wenn Sie in einer gesunden intimen Beziehung leben möchten.

Mir scheint, daß in Wirklichkeit die *Vorstellung,* verletzlich zu sein, sehr viel beängstigender ist, als tatsächlich verletzlich zu *sein.* Darin wurde ich noch durch die folgenden Gespräche bestärkt, die eines Montagabends bei einem unserer Gruppentreffen von erwachsenen Kinder von Alkoholikern stattfanden.

Jimmy eröffnete das Gespräch, indem er erzählte, wie sehr es bei ihm noch die ganze Woche über nachgewirkt habe, daß er beim letzten Gruppentreffen seine Gefühle mitgeteilt hatte. »Ich fühlte mich so verletzlich«, sagte er, »und diese Verletzlichkeit hielt die ganze Woche über an. Ich versuchte, die meiste Zeit allein zu sein, weil ich Angst hatte vor dem, was geschehen könnte, wenn ich in diesem Zustand, so

offen für vernichtendes Verhalten zu sein, mit anderen zusammen war.«
Die anderen Gruppenteilnehmer verstanden, was er sagte und stimmten mit ihm überein.
»Heh, wartet mal!« sagte ich. »Was heißt denn verletzlich sein für euch? Und was meint ihr damit, wenn ihr sagt, daß ihr Angst davor habt, verletzlich zu sein?«
Und einer nach dem anderen definierte jeder der Anwesenden »Verletzlichkeit zulassen« als einen Zustand, in dem er sein Leben nicht mehr unter Kontrolle hat. Sie hatten das Gefühl, daß damit jemand anderes die Kontrolle über ihr Leben gewänne und ihnen Schaden zufügen würde. Es schien für sie keinen anderen Weg zu geben. Verletzlichkeit bedeutete Selbstverlust, Vernichtung und Machtlosigkeit, all diese negativen Dinge zu verhindern.
»Als ich ein Kind war«, teilte Marlene uns mit, »hatte ich Angst, umgebracht zu werden, wenn ich auch nur eine Minute nicht auf der Hut war.« Verletzlichkeit zulassen war für sie gleichbedeutend mit der Gefahr zu sterben. Auch wenn es für die anderen nicht den möglichen Tod bedeutete, verbanden sie doch etwas Schreckliches damit. Verletzlichkeit stand für ausgeschlossen und schlecht behandelt werden.
Allein das Sprechen über das Gefühl, verletzlich zu sein, erzeugte eine sehr angespannte und etwas depressive Atmosphäre in der Gruppe.
»Das ist für uns alle ein ganz wichtiges Thema, das wir näher untersuchen müssen«, sagte ich. »Wenn wir gesunde intime Beziehungen entwickeln wollen, müssen wir unserem Partner Zugang zu unsere Gefühlen erlauben. Es gibt keinen anderen Weg. Wenn

ihr zu große Angst habt, verletzlich zu sein und infolgedessen auch kein Risiko eingehen wollt, sagt ihr damit automatisch, daß ihr nicht imstande oder bereit seid, eine gesunde intime Beziehung zu haben.

Habt ihr jemals die Möglichkeit in Betracht gezogen, daß viele Gefühle, gegen die ihr euch abschottet, Gefühle sind, die euer Leben in Wirklichkeit bereichern würden? Habt ihr die Tatsache bedacht, daß es die verschiedensten Liebesgefühle gibt, die ihr bislang gar nicht empfunden habt? Daß es das Gefühl von Erregung gibt, in eurer Nähe zu sein, das ihr nicht spürt? Daß es unterstützende Gefühle gibt, die ihr nicht zulaßt? Habt ihr bedacht, daß es ein ganzes Spektrum von Gefühlen gibt, die ihr euch versagt, weil eure große Angst davor, verletzlich zu sein, euer ganzes Leben beherrscht?«

Leslie teilte mit, daß sie nach drei Jahren imstande ist, für den Mann, den sie liebt, emotional zugänglich zu sein. »Ich habe keine Geheimnisse mehr vor ihm, weder emotionale noch andere«, sagte sie. »Ich habe meinen Schutzwall Stück für Stück abgebaut. Manchmal habe ich ihn ein Stück weit wieder neu errichtet, weil ich Angst bekam oder er nicht so auf mich reagierte, wie ich es mir von ihm erhofft hatte. Aber langsam und allmählich, während unsere Beziehung wuchs und sich zwischen uns Vertrauen entwickelte, konnte ich die Schranken fallenlassen.

Ich kenne nicht so viele andere Menschen, denen ich genauso vertrauen würde, aber ich weiß, daß es mir nicht geschadet hat, mich in dieser Beziehung verletzlich zu zeigen. Tatsächlich bin ich dadurch stärker geworden. Nachdem ich ihn erst einmal wirklich in

mein Leben hereingelassen hatte, konnte er mir helfen, Gefühle für mich selbst zu empfinden, gegen die ich früher angekämpft habe. Und das hilft mir, mich als Mensch gefestigter und sicherer zu fühlen.
Leicht ist es nicht gewesen, aber es war die Mühe wert!«
Das bestärkte die Gruppe darin, daß die Vorstellung, verletzlich zu sein, beängstigender ist, als die tatsächliche Erfahrung. In Wirklichkeit würden Sie noch nicht einmal dieses Buch lesen, wenn Sie nicht an persönlichem Wachstum interessiert wären, denn zu Wachstum kann es gar nicht kommen, wenn wir neuen Gedanken, Gefühlen und Vorstellungen keinen Zugang erlauben. Und diesen Zugang ermöglichen wir nur, indem wir uns dafür öffnen, und das heißt zulassen, verletzlich zu sein.

Mythos: »Wir werden uns niemals streiten oder gegenseitig kritisieren.«

Wahrheit: In der wirklichen Welt streiten Paare sich von Zeit zu Zeit und kritisieren gegenseitig ihr Verhalten.

Ärger

Erwachsene Kinder von Alkoholikern glauben, daß es in einer idealen Beziehung weder Konflikte noch Ärger geben wird. Auch wenn sie intellektuell erkennen, daß das nicht möglich ist, stellt es emotional doch das dar, was sie möchten. Ärger ist für sie etwas sehr Kompliziertes und wird von ihnen ganz falsch verstanden. In ihrer Geschichte mußte Ärger unterdrückt werden. Kinder, die mit dem Alkoholismus aufwachsen, leben in einem sehr ärgerlichen Klima, in dem Ärger sich niemals auflöst. Es bringt überhaupt nichts, Ärger zu äußern; das macht das Leben nur noch schwerer. Es hat noch niemals jemandem gut getan.

Aus diesem Grunde lernen die erwachsenen Kinder von Alkoholikern, nicht ärgerlich zu sein. Statt dessen rationalisieren sie, bringen Dinge durch Erklärungen zum Verschwinden und werden schließlich depressiv. Die Worte, mit denen sie ihre Depression beschreiben, sind Worte des Ärgers. Da sie ihren Ärger unterdrücken, kommt er nur dann zum Vorschein, wenn sie nicht länger an sich halten können, und der Ärger sich in rasende Wut verwandelt hat. Diese Wut ist für erwachsene Kinder von Alkoholikern beängstigend, weil sie nicht wissen, was sie damit anstellen werden. Es ist nichts Ungewöhnliches, sie sagen zu hören: »Ich habe totale Angst davor, ärgerlich zu werden, weil ich vielleicht jemanden umbringe, wenn ich meinen Ärger nicht mehr unter Kontrolle habe.« Viele von ihnen kehren den Ärger gegen sich selbst und entwickeln – da sie niemals anderen Schaden zufügen würden – Selbstmordgedanken.

Sie haben auch Angst davor, daß ein anderer Mensch ihnen seinen Ärger zeigt. Ärger könnte zu körperlicher Gewalt führen, und das muß um jeden Preis vermieden werden. Das ist ein weiteres unterschwelliges Thema, das in einer Beziehung ins Spiel kommt. Es ist aber nicht möglich, eine gute Beziehung zu haben, ohne Konflikte zu lösen. Wenn zwei Menschen gesund und lebendig sind und ihre eigenen Gedanken und Vorstellungen haben, wird es immer wieder Zeiten geben, wo sie nicht einer Meinung sind. Es wird auch Situationen geben, in denen der eine etwas tut, was den anderen gereizt und ärgerlich macht. Es ist unmöglich, in einer sich entwickelnden Beziehung zu wissen, wo all die wunden Punkte des anderen liegen. Idealerweise wird, wenn Ärger auftritt, darüber gesprochen, um zu erfahren, woher er stammt und die Situation nicht zu wiederholen.

Erwachsene Kinder von Alkoholikern sehen in Ärger oft etwas, was er nicht ist. Das klingt dann etwa folgendermaßen: »Wenn ich ärgerlich auf dich bin, liebe ich dich nicht. Wenn du ärgerlich auf mich bist, liebst du mich nicht. Weil ich dich aber liebe, darf ich nicht zulassen, daß ich ärgerlich auf dich bin. Und wenn du mich wirklich liebst, wirst du auch auf mich nicht ärgerlich sein.« So lautet die Botschaft, die das erwachsene Kind sich auf der emotionalen Ebene selbst vermittelt. Obwohl sie nicht stimmt, hat sie doch konkrete Auswirkungen: »Wenn ich meinen Ärger auf dich nicht zurückhalten kann, muß ich dich zurückweisen. Wenn du deinen Ärger auf mich nicht zurückhalten kannst, mußt du mich zurückweisen.« Und wieder einmal ist das, was das Paar ärgerlich gemacht hat, in Vergessenheit geraten. Warum soll man sich damit auseinandersetzen, wenn dabei doch nur herauskommt, daß man sich gegenseitig zurückweist?

Da erwachsene Kinder von Alkoholikern keinerlei Erfahrung damit haben, wie man mit einem anderen

Menschen zusammen Probleme löst, wissen sie außerdem auch nicht, wie sie ihren Ärger auflösen können. Sie wissen nicht, wie sie an ihrem Ärger so arbeiten können, daß er verschwindet. Ärger muß auf die eine oder andere Weise geäußert werden. Er muß erkannt, eingestanden, besprochen, verstanden und aufgelöst werden. Es ist wichtig zu erkennen, daß Ärger ein ständig gegenwärtiges, unterschwelliges Thema in den Beziehungen von erwachsenen Kindern von Alkoholikern ist.

Was Mary veranlaßte zu glauben, ihr Freund würde sie verlassen, oder sie müsse ihn zurückweisen, war zu einem gewissen Teil auch ihr Ärger. Da sie nicht wußte, wie sie mit diesem Ärger umgehen sollte, sah sie nur diese beiden Alternativen.

Erwachsene Kinder von Alkoholikern sind nicht nur entsetzt über das Ausmaß ihres Ärgers, sondern sie sind sich auch unsicher, inwieweit er angemessen ist. »Würde das einen normalen Menschen auch ärgerlich machen?« lautet die Frage, die ich oft zu hören bekomme. Sie bezieht sich sowohl auf den eigenen Ärger als auch auf den des Menschen, mit dem sie zusammen sind. »Worüber kann man eigentlich zu recht ärgerlich sein?« möchten sie gerne wissen. Kürzlich hielt ich einen Vortrag über erwachsene Kinder von Alkoholikern, den eine meiner Klientinnen und ihr Freund sich anhörten. Er sagte: »Ich bin gekommen, weil ich soviel wie möglich über das erfahren möchte, was Carol geprägt hat, denn ich liebe sie.« Ich war sehr beeindruckt.

Sie saßen rechts im Raum, während die meisten anderen Schüler links saßen. Nach etwa einer halben

Stunde Vortrag betrat der Hausmeister den Raum und schaltete das Licht aus. Ich warf ihm eine Bemerkung zu, und er schaltete es wieder an und verließ den Raum. Ich machte meiner Verärgerung Luft und fuhr dann mit dem Vortrag fort. Als ich Carol das nächste Mal traf, erzählte sie mir, wie wütend Bill geworden war. »Wie konnte so ein Mensch einfach den Raum betreten, sie direkt anschauen und das Licht ausschalten? Das war doch unglaublich unhöflich!« Sie sagte: »Wissen Sie, mich hat das überhaupt nicht gestört. Ich nehme an, ich bin daran gewöhnt, so behandelt zu werden, als ob ich überhaupt nicht existiere.«
Bills Ärger war für die beiden eine wichtige Lernerfahrung. Es war Carol klar, daß sie an ihrem Selbstwertgefühl arbeiten mußte. Und er erfuhr, wie groß bei erwachsenen Kindern von Alkoholikern der Mangel an Selbstachtung ist. Die Frage, ob die Reaktion »normal« war, führte zu dieser Einsicht. Wer hat denn zu bestimmen, was normal ist? Sie reagieren auf dem Hintergrund Ihrer eigenen Geschichte, und aus dieser Perspektive entscheiden Sie, ob Ihre Reaktionen normal sind.

Mythos: »Wenn etwas schief geht, ist das auf jeden Fall mein Fehler. Ich bin ein schrecklicher Mensch.«

Wahrheit: In der wirklichen Welt, ist es manchmal Ihr Fehler, wenn etwas schief geht, manchmal aber auch nicht. Es geschehen zwar schreckliche Dinge, aber *Sie* sind nicht schrecklich.

Schuld und Scham

In jeder Beziehung mit einem Menschen, der mit dem Alkoholismus großgeworden ist, tauchen Gefühle von Schuld und Scham auf. Das sind Themen, die bearbeitet werden müssen. Ernie Kurtz beschreibt in seinem Büchlein *Shame and Guilt: Characteristics of the Dependency Cycle* Schuld als »das Gefühl, alles falsch zu machen, schlecht zu sein, ›nicht gut‹ zu sein.« Dem Kind wird beigebracht, daß es sein Fehler ist, wenn etwas daneben geht. Selbst wenn es nicht sein Fehler ist, bekommt es zu hören: »Wenn du nicht so ein verdorbenes Ding wärst, müßte ich nicht trinken.« Die Schuldgefühle vieler erwachsener Kinder von Alkoholikern stecken so tief, daß diese Menschen glauben, ihre bloße Existenz verursache Probleme.

Scham ist, wenn auch etwas anders gelagert, doch sehr eng mit Schuld verbunden, und das eine Gefühl neigt dazu, das andere zu nähren. Dr. Kurtz beschreibt Scham als ein Gefühl von »Unzulänglichkeit, von Wertlosigkeit, ›schlecht‹ sein«. Schuldgefühle beziehen sich auf Verhaltensweisen, während Scham mit dem Wesen des Menschen zu tun hat, mit seinem Selbst, und deswegen noch grundlegender für ihn ist. Es ist sehr schwer, diese Gefühle zu überwinden. Es ist ein lebenslanger Kampf zu spüren, daß Ihr Verhalten nicht »schlecht« ist; und ebenso ist es ein lebenslanger Kampf zu glauben, daß *Sie* nicht »schlecht« sind.

In einer Beziehung ist alles, was schief geht, bis zu einem gewissen Grade Ihr Fehler. Sie haben das Gefühl, es sei Ihr Fehler, weil das, was Sie tun, schlecht ist, und weil Sie ein schlechter Mensch sind. Es ist Ihr

Fehler, weil das für Sie während Ihres Heranwachsens die einzige Möglichkeit war, die Kontrolle zu behalten. Wenn Sie verantwortlich waren für das, was geschah, dann glaubten Sie, etwas tun zu können, um es zu verändern. Das war natürlich zwecklos, weil Sie gar nicht verantwortlich waren; aber der Versuch, etwas zu unternehmen, gab Ihnen das Gefühl, nicht völlig die Kontrolle verloren zu haben. Wenn in einer Beziehung etwas passiert, für das Sie sich verantwortlich fühlen, denken Sie, Sie könnten etwas tun, um die Situation zu verändern. Sie können sich entschuldigen oder irgend etwas anderes tun. Wenn Sie schuldig sind, können Sie etwas tun. Wenn nicht, dann sind Sie – aufgrund dieser Denkmuster – auf eine ganz reale Art und Weise festgefahren.

Es kommt Ihnen nicht in den Sinn, zu Ihrem Partner zu sagen: »Warum schauen wir uns das nicht einfach einmal ganz unabhängig davon an, ob das nun mein Fehler oder dein Fehler ist. Ich bin in Ordnung, und du bist in Ordnung, und wir müssen gemeinsam herausfinden, was verkehrt läuft.« Und zwar weil Sie grundsätzlich nicht glauben, daß Sie in Ordnung sind. Selbst wenn das, was Sie getan haben, in Ordnung war, erkennen Sie es nicht. Das macht jede Interaktion extrem kompliziert. Außerdem möchten Sie nicht, daß der Mensch, auf den Sie sich eingelassen haben, herausfindet, wie unzulänglich oder wertlos Sie sind. Das wiederum schafft ein Klima, in dem Sie nicht vollkommen aufrichtig sind, und ist zurückzuführen auf die Angst, durchschaut zu werden.

Mythos: »Um liebenswert zu sein, muß ich immer glücklich sein.«

Wahrheit: In der wirklichen Welt sind Menschen manchmal glücklich und manchmal auch nicht.

Depression

Viele erwachsene Kinder von Alkoholikern sind, was wir »chronisch depressiv« nennen. Das heißt, sie befinden sich immer am Rande von Traurigkeit. Wie ich früher schon besprochen habe, ist das zum Teil eine Folge des Ärgers, den sie nach innen und gegen sich selbst gerichtet haben. Es hat auch zu tun mit der Verlusterfahrung.

Das erwachsene Kind eines Alkoholikers ist niemals dazu gekommen, Kind zu sein. Es hat die Erfahrung nicht gemacht, spontan, unvernünftig und kindisch zu sein und all die Dinge zu tun, die Kinder normalerweise tun. Es hatte keine Gelegenheit, Spaß zu haben oder zu erleben, was Spaß überhaupt ist. Wenn es auch weiß, was es heißt, wertlos oder impulsiv zu sein, die Erfahrung, Spaß zu haben, war – wenn sie überhaupt gemacht wurde – nebensächlich. Das führte zu sehr viel Traurigkeit, die es ihnen erschwert, sich in Beziehungen überhaupt frei und spontan zu fühlen. Hier liegt die Ursache für die Depression. Das erwachsene Kind wird gegen die Depression ankämpfen, weil es versucht, dem anderen zu gefallen und »der perfekte Partner« zu sein; aber bei vielen von ihnen ist die Depression unter der Oberfläche immer präsent.

Auch Verlust ist ein Hauptthema für erwachsene Kinder von Alkoholikern. Sie haben ja auch wirklich ihre

Kindheit verloren und damit viele der Erfahrungen, die andere Kinder gemacht haben. Für sie bedeutet jede Veränderung den Verlust dessen, was sie vorher hatten. Veränderungen sind schwierig, denn psychologisch gesehen bedeuten Veränderungen Chaos. Mit der Angst vor dem Verlassenwerden kommt die Angst vor Verlust hoch, begleitet von der immer gegenwärtigen Angst davor, daß die Beziehung nicht halten wird. Wieder einmal werden sie die Erfahrung machen müssen, jemanden zu verlieren. Diese Angst verursacht einen enormen Konflikt. »Ich weiß, die Beziehung wird nicht halten, also warte ich darauf, daß die Bombe platzt, und da ich bei der Aussicht, ihn/sie verlieren zu müssen, in Panik gerate, halte ich ihn/sie ganz fest.« Dieses Verhalten treibt den anderen meistens in die Flucht, was die drohenden Ängste in Bewegung setzt. Unglücklicherweise wird über diese Gefühle nicht gesprochen, so daß wenig Möglichkeit besteht, sie allmählich aufzulösen.
Die typische Haltung sieht so aus: »Damit du nicht siehst, wie groß mein Schmerz ist und wie dicht er sich unter der Oberfläche befindet, mache ich ein ›glückliches Gesicht‹. Meine Art zu leben ist, immer ein fröhliches Lied auf den Lippen zu haben.«

Mythos: »Wir werden einander von Anfang an ganz selbstverständlich vollkommen vertrauen.«

Wahrheit: In der wirklichen Welt baut sich Vertrauen langsam auf.

Vertrauen

Für Kinder ist es ganz natürlich, anderen zu vertrauen. Von der Kleinkindzeit an vertrauen sie darauf, daß ihre Bedürfnisse erfüllt werden. Wird dieses frühe Vertrauen enttäuscht, sterben sie, weil sie völlig hilflos und darauf angewiesen sind, von anderen versorgt und umhegt zu werden. Vertrauen ist für Kinder so natürlich, daß ihnen auch in der typischen Familie beigebracht werden muß, in welchen Situationen sie nicht vertrauen sollen. Man muß ihnen sagen, daß sie nicht mit Fremden mitgehen, nicht einfach auf die Straße laufen und den Herd nicht anfassen sollen. Kinder wollen in ihrer Naivität allen Menschen und Dingen Liebe und Vertrauen entgegenbringen.

In einer Familie, die vom Alkoholismus beeinträchtigt ist, bleiben die Bedürfnisse der Kinder nicht total unbeachtet, werden aber nicht regelmäßig und zuverlässig befriedigt. Das führt diese Kinder zu dem Schluß, daß Vertrauen heißt, verletzt zu werden, und aus diesem Grund nicht angemessen ist. Das heißt, das Kind muß lernen, sich selbst zu versorgen. Um überleben zu können, lernt das Kind, nicht zu vertrauen, sondern sich nur auf sich selbst zu verlassen. Sollte jemand vertrauenswürdig sein, ist das eher die Ausnahme als die Regel. Erwartungen führen meistens zu Frustration und Enttäuschung. »Vertraue niemanden«, lautet die Regel, die das Kind schon sehr früh und sehr gut lernt. Da dies jedoch gegen die Natur des Kindes ist, stellt es eine Anpassungsreaktion an eine Situation dar, die dem Kind nicht entspricht.

Wir sprechen hier darüber, wie man eine gesunde Beziehung aufbaut. Eines der wichtigsten Elemente – und notwendige Vorbedingung für eine gesunde Beziehung – ist Vertrauen. Ohne Vertrauen kann die Beziehung nicht aufblühen; sie wird sich einfach nicht entwickeln und nicht wachsen. Es ist für Sie nicht leicht, Vertrauen zu entwickeln, weil Sie viele negative Reaktionen und Gefühle verlernen müssen. Sie müssen den ganzen Weg bis in Ihre Kindheit zurückgehen und noch einmal neu anfangen zu vertrauen.

In einer Gruppe von erwachsenen Kindern sagte ein junger Mann einmal: »Ich habe gerade eine neue Arbeitsstelle angetreten. Ich mag alle, die ich bis jetzt getroffen habe, aber ich werde nicht jedem einfach gleich vertrauen. Sie werden sich mein Vertrauen verdienen müssen.« Die Gruppe stimmte ihm zu. Ich sagte: »Warum nicht allen vertrauen und dann denjenigen mit Vorbehalt begegnen, die dein Vertrauen mißbrauchen? Das kostet viel weniger Kraft. Das heißt nicht, daß du dich auf eine bestimmte Art und Weise verhalten mußt. Wenn du beschließt zu vertrauen, muß du dich in keiner Weise anders verhalten, als wenn du beschließt, nicht zu vertrauen. Du würdest es dir einfach leichter machen.«

Die Gruppe war fasziniert und wollte mehr über diese Einstellung erfahren, die neu für sie war. »Es kostet euch gar nichts, automatisch zu vertrauen«, sagte ich. »Eure Position bleibt genau die gleiche. Wenn ihr nicht vertraut, und jemand sich nicht vertrauenswürdig verhält, laßt ihr euch darin bestätigen und bestärken, daß ihr niemandem vertrauen könnt. Wenn ihr jemandem vertraut, und es stellt sich heraus, daß er euer Vertrauen nicht verdient, werdet ihr zwar enttäuscht sein, aber nicht am Boden zerstört. Mit Enttäuschungen umzugehen, habt ihr sehr gut gelernt. Wenn ihr euch aber bestätigen laßt, daß es eine gute Idee war, nicht zu vertrauen, heißt das nicht zwangsläufig auch, daß ihr Enttäuschungen vermeidet. So sieht die Realität aus.« Das war für sie eine ganz neue Vorstellung, zu der sie – auf dem Hintergrund ihrer Erfahrungen – selbst nicht hätten gelangen können.

Was bedeutet Vertrauen für eine Beziehung? Mehreres. Zunächst einmal bedeutet Vertrauen, daß Ihr Partner Ihre Gefühle nicht mißbrauchen wird, und daß Sie ihm Ihre Gefühle zeigen werden. Und genau hier hängen Sie fest, da Sie ein Gebiet betreten, das außerhalb Ihres Erfahrungshorizontes liegt. Seit Ihrer Kindheit gehört das Vertrauen in andere zu den primären Dingen, die Sie abgewehrt haben, und jetzt erzähle ich Ihnen, daß das nicht mehr funktioniert. Was für Sie eine gute, gesunde Beziehung unter anderem so beängstigend macht, ist, daß Vertrauen das Gegenteil von allem darstellt, was Sie an Verhaltensweisen gelernt haben. Sie müssen vertrauen, daß der Mensch, an dem Ihnen etwas liegt, Sie nicht verletzen will, und Sie müssen etwas von sich zeigen. Das ist der Anfang davon, jemanden auf eine ganz reale Weise kennenzulernen. Vertrauen bedeutet auch, daß Sie die Gefühle Ihres Partners nicht mißbrauchen werden, und daß er sie Ihnen zeigen kann. Es verläuft also in beide Richtungen.

Zweitens bedeutet Vertrauen Aufrichtigkeit: der andere wird sagen, was er meint, und meinen, was er sagt, und für Sie gilt das gleiche. Aufrichtigkeit erlaubt Ihnen zu vertrauen, daß der andere Sie nicht vorsätzlich belügt. Wenn Sie sich auch so verhalten, hilft das, Ihre Beziehung zu festigen. Sie wissen dann, daß Sie einen festen Arm berühren, wenn Sie Ihre Hand ausstrecken, den Arm eines Menschen, auf den Sie sich verlassen können. Ihre Beziehung wird sich nicht einfach über Nacht auflösen, und Sie werden nicht in Verwirrung gestürzt.

Drittens bedeutet Vertrauen, daß Ihr Partner Sie nicht absichtlich verletzen wird, und auch Sie ihm nicht absichtlich wehtun. Wenn es zu Verletzungen kommt, werden Sie darüber sprechen wollen, um sicher zu gehen, daß das nicht noch einmal geschieht. Wenn wir einen anderen Menschen kennenlernen, können wir nicht immer wissen, was ihn verletzt. Es ist außerordentlich wichtig, sagen zu können: »Mich hat das verletzt, was du gerade gesagt hast.« Und ebenso wichtig ist, daß der andere sagen kann: »Es ist wichtig für mich, daß ich das weiß. Ich möchte dich nicht verletzen. Ich werde mich sehr darum bemühen, daß das nicht noch einmal passiert.«

Für viele bedeutet Vertrauen das Versprechen, körperlich nicht mißbraucht zu werden. Ich werde jedesmal wütend, wenn ich von Erwachsenen höre, die so schreckliche Kindheitserfahrungen gemacht haben, daß Vertrauen für sie automatisch heißt, von dieser Angst befreit zu werden. Körperliche Mißhandlung ist in keinster Weise zu entschuldigen, und sollte eine Grundvoraussetzung sein, die nicht zu thematisiert werden braucht.

Viertens bedeutet Vertrauen die Freiheit, Sie selbst zu sein, ohne dafür verurteilt zu werden. Das heißt, Sie müssen keinen Eiertanz vollführen, Sie können der Mensch sein, der Sie sind, und auch der andere kann sein, wer er ist. Sie sind beide in Ordnung. Sich selbst nicht zu verurteilen und nicht verurteilt zu werden, ist eine völlig neue und wunderbar belebende Erfahrung. Aber sie ist auch höllisch beängstigend.

Fünftens bedeutet Vertrauen Stabilität. Man fühlt sich mit dem anderen und in der Beziehung sicher, weil das Verhalten morgen dem gestrigen ähneln wird, und Sie auf Dinge zählen und planen können. Das heißt, Sie wissen, wenn Sie für Samstag einen Ausflug planen, daß er auch stattfindet, wenn der Samstag kommt. Es kann sein, daß Sie Stabilität, die sehr im Widerspruch zu Ihren Kindheitserfahrungen steht, nur schwer lernen und bei einem anderen Menschen nur schwer annehmen können.

Sechstens bedeutet Vertrauen, sich auf die Beziehung verbindlich einzulassen und zwar in dem Maße, wie das Paar sich darauf geeinigt hat. Wenn Ihr Partner gesagt hat: »Ich bin nur mit dir zusammen, du bist auch die einzige, mit der ich schlafe«, müssen Sie das glauben können.

Und wenn Sie das gleiche versprochen haben, müssen auch Sie sich entsprechend verhalten. Damit Sie sich in einer Beziehung gut fühlen, ist es wichtig, sicher sein zu können, daß Vereinbarungen eingehalten werden.

Und als letztes bedeutet Vertrauen, daß Sie beide vertrauliche Mitteilungen für sich behalten. Sie müssen sich keine Sorgen darum machen, daß andere Ihre Geheimnisse erfahren. Und Sie werden auch die Geheimnisse Ihres Partners nicht an andere weitergeben.

Besonders wichtig ist es bei Streitigkeiten zu wissen, daß das dabei Mitgeteilte nicht gegen Sie verwendet wird.
Weil Vertrauen für jeden Menschen anders aussieht, kann es alles bedeuten, was ein Paar individuell und gemeinsam als Vertrauen festlegt.
Die Facetten von Vertrauen, die ich hier besprochen habe, sind – obwohl von wesentlicher Bedeutung für eine gesunde Beziehung – schwer zu entwickeln. Das Vertrauen in einen anderen Menschen entsteht nicht über Nacht, und Sie müssen sich nicht kritisieren, wenn Sie es schwierig finden zu vertrauen. Der leichteste Weg, Vertrauen zu gewinnen, besteht für ein Paar wahrscheinlich darin, daß es anfängt, die Schwierigkeiten zu besprechen, die beide damit haben, und einzugestehen, daß sie Vertrauen für erstrebenswert halten. Beide müssen sich verbindlich darauf einlassen, auf einer schrittweisen Basis an ihrem Vertrauen zu arbeiten, während die Beziehung sich entwickelt. Es ist sehr wichtig zu erkennen, daß Vertrauen nicht etwas ist, was Sie einem anderen Menschen in der ganzen Tiefe, wie sie hier besprochen wurde, automatisch entgegenbringen können. Es ist auch wichtig zu wissen, daß das Entwickeln von Vertrauen Teil des Prozesses ist, eine gesunde Beziehung aufzubauen. Im Augenblick sind das für Sie vielleicht nur Worte, und Sie haben keinerlei Vorstellung davon, wie Sie sie in die Praxis umsetzen können. Das ist nichts Ungewöhnliches, aber mit der Zeit werden Sie lernen zu vertrauen.

***Mythos:* »Wir werden alles zusammen machen – wir werden wie ein Mensch sein.«**

Wahrheit: In der wirklichen Welt verbringen Paare ihre Zeit miteinander, allein und mit Freunden.

Grenzen

Kinder von Alkoholikern haben Schwierigkeiten, die Grenzen anderer zu respektieren sowie zu erkennen, wo ihre eigenen Grenzen liegen. Sie sind in einer Umgebung aufgewachsen, in der die Grenzen sehr verwirrend waren. Es war schwierig, die jeweiligen Rollen von Mutter und Vater auszumachen. Sie wußten kaum, ob Sie das Kind, die Mutter oder der Vater waren.

Diese Verwirrung läßt viele Fragen aufkommen. Wessen Schmerz haben Sie empfunden? War es Ihrer? War es der Ihrer Mutter? Oder der Schmerz Ihres Vaters? Wo hörten Sie auf, und wo fingen die anderen an?

Und was war mit Ihrer Privatsphäre? Was gehörte Ihnen und konnte Ihnen nicht genommen werden? Wurde in Ihre Privatsphäre eingedrungen? Selbst noch im Badezimmer?

Wo lagen die Grenzen des guten Geschmacks? Was ist angemessenes Verhalten? Was ist unangemessenes Verhalten?

Wie entscheiden Sie heute als Erwachsener, ob Sie sich vernünftig verhalten oder die Rechte anderer verletzen?

Im Gespräch mit erwachsenen Kindern von Alkoholikern kommen oft verblüffende Aussagen und Fragen zutage.

»Er hat mich umarmt. Ich fühlte mich vergewaltigt. Ist es falsch, so zu empfinden?«

»Ich bin einfach reingegangen, weil ihre Tür nicht verschlossen war. Warum ist sie so außer sich geraten?«

»Ich habe den Abend mit ihm genossen und ihn noch auf einen Kaffee zu mir eingeladen. Mit welchem Recht hat er mich bei unserer ersten Verabredung so bedrängt?«

»Ich fürchte, ich könnte Sie beleidigen. Ich sage immer das Falsche.«

»Ich mache dicht, wenn mich jemand etwas Persönliches fragt. Das ist doch schließlich *meine* Sache, oder?«

Es besteht viel Verwirrung darüber, was Intimität und was ein Überschreiten persönlicher Grenzen ist. Sehr viele klärende Fragen sind angebracht, bevor Sie handeln. Zum Beispiel: Tu mir den Gefallen, mein Zimmer nicht sauber zu machen, bevor du nicht weißt,ob ich das auch als Gefallen betrachte. Besteh' nicht darauf, die Rechnung zu bezahlen, nachdem ich angeboten habe, daß wir sie uns teilen, bevor du nicht weißt, ob ich nicht darauf bestehe, selbst zu bezahlen. So viele schwerwiegende Mißverständnisse entstehen einfach daraus, daß Sie nicht wissen, wo die Grenzen des anderen liegen. Jeder Mensch hat andere Grenzen, und erwachsene Kinder von Alkoholikern, die zu rigiden Grenzen neigen, verstehen das nicht.

In einer gesunden Beziehung versuchen die Partner, sich gegenseitig wissen zu lassen, wo ihre Grenzen liegen. Sie besprechen sie, wenn möglich, vor bestimmten Situationen, und wenn nicht, dann spätestens hinterher. Zum Beispiel: »Ich weiß, du hast es gut gemeint, als du mein Zimmer aufgeräumt hast, aber ich war aufgebracht. Das ist mein Raum, und obwohl ich es auch gern ordentlich habe, ist es mein Problem, wenn bei mir nicht aufgeräumt ist.«

Was für den einen eine einfache Handlung ist, kann für den anderen ein Hauptstreitpunkt sein. Grenzen zu verstehen und zu achten ist Teil des Prozesses, sich näher zu kommen.

Jeder Mensch hat andere Grenzen und Schranken. Es gibt einen privaten Raum, der nur mir allein gehört. Nicht, daß ich beschlossen hätte, dich auszuschließen. Es ist vielmehr so, daß mein Raum respektiert werden muß, wenn ich ganz ich selbst sein und voll funktionieren soll.

Bei vielen Menschen führt das gewaltsame Eindringen in ihren Raum zu Reizbarkeit und zahlreichen verschiedenen körperlichen Symptomen. Ich bekomme das Gefühl zu ersticken, wenn in meinen privaten Raum eingedrungen wird. Es gibt auch andere Reaktionen. Einige Menschen haben ein größeres Bedürfnis nach Raum und Privatsphäre. Das Thema muß besprochen werden, damit diese Bedürfnisse respektiert und nicht mißverstanden werden.

Mythos: »Du wirst alle meine Bedürfnisse, Wünsche und Sehnsüchte instinktiv wissen.«

Wahrheit: In der richtigen Welt ist es ziemlich unwahrscheinlich, daß Bedürfnisse, Wünsche und Sehnsüchte erfüllt werden, wenn man sie nicht deutlich mitteilt.

Erwartungen

Sie haben im Verlaufe des Heranwachsens im Umfeld des Alkoholismus erfahren, daß es nicht zu Ihrem Vorteil ist, Erwartungen zu haben. Wenn Sie etwas erwarten, werden Sie auf jeden Fall eine Enttäuschung erleben und im Extremfall sogar am Boden zerstört sein. Das hängt davon ab, wie das Versprechen aussieht und wieviel es Ihnen bedeutet. Nicht eingehaltene Versprechen rangierten von »Ich werde dir ein Eis kaufen«, bis zu »Ich werde dich aufs College schicken«.

Sie haben erfahren, daß die einzige Möglichkeit, sich zu schützen, darin besteht, von niemandem etwas zu erwarten. Das ist ein ziemlich rauher Lebensstil, aber er ist sicher. So drosseln Sie Ihre Verluste.

Aber – und hier kommt das immer gegenwärtige »Aber« – Sie drosseln damit auch Ihre Gewinne.

In gesunden Beziehungen gibt es auch Erwartungen. Und nicht nur das, sondern es gibt auch das gemeinsame Engagement, diese zu erfüllen. Die Gemeinsamkeit ist sehr wichtig, denn sie bedeutet, daß Sie Ihrem Partner sagen müssen, was Sie wollen, und daß zwischen Ihnen die Übereinkunft besteht zu versuchen, sich Ihre Bedürfnisse gegenseitig zu erfüllen. Wenn Sie sich Blumen zum Geburtstag wünschen, ohne daß Ihr Partner das ahnen kann, und dann völlig fertig sind, weil Sie keine bekommen, ist das ihm gegenüber nicht fair. Wenn er es aber wußte und Ihre Erwartungen nicht erfüllt hat, ist es wichtig, darüber zu sprechen, weil es ein Signal für Schwierigkeiten in der Beziehung sein kann.

Viele Menschen wollen, daß ihr Partner ihnen Freude bereitet, indem er ihre Gedanken liest. Das ist eine Haltung, die auf Ihre Ängste und Selbstzweifel zurückgeht. Wenn er Ihre Wünsche ahnt, ohne daß Sie sie äußern, müssen Sie nicht unter mangelndem Selbstwertgefühl leiden. Tut er das nicht, und Sie fragen auch nicht, können Sie sich selbst heruntermachen und an Ihrer negativen Einstellung zu sich festhalten.

Wenn Sie beschließen, Ihre Wünsche zu äußern, und sie auch erfüllt bekommen, ist das wunderbar. Aber vielleicht macht Ihnen auch das Streß, weil es ungewohnt ist. Der Körper macht keinen Unterschied zwischen Distreß (schlecht) und Eustreß (gut), und die Folge kann sein, daß Sie dazu neigen, die Beziehung zu sabotieren, wenn sie zu gut läuft. Das ist eine Reaktion, die der Streßreduktion dient, aber das Risiko dabei ist, daß Sie sich dafür wieder einmal verurteilen. Schließlich würden Sie sich nicht so verhalten, wenn Sie ein guter Mensch wären. Aber auch an die schönen Dinge muß man sich erst gewöhnen. Gönnen Sie sich Zeit, um sich darauf einstellen zu können.

Wenn Sie Ihre Wünsche deutlich machen, und sie nicht erfüllt werden, ist es wichtig zu verstehen, was vor sich geht. Halten Sie Ihren Wunsch für vernünftig, und er wird trotzdem nicht erfüllt, müssen Sie herausfinden, warum. Sie müssen überprüfen, was passiert ist. Vielleicht haben Sie sich nicht deutlich genug ausgedrückt, oder Ihr Partner hört Ihnen nicht richtig zu. Vielleicht hat Ihr Partner seine eigenen Vorstellungen, wie er meint, sich um Sie zu kümmern, ohne dabei auf Ihre Wünsche einzugehen. Vielleicht haben Sie etwas gefordert, was er nicht erfüllen konnte. Sie könnten sagen: »Wenn du mich magst und das nicht so ausdrückst, daß es mir etwas bedeutet, nützt mir dein Mögen nichts. Es bereichert nicht mich, sondern nur dich.« Ist das erst einmal verstanden worden, ohne daß der Versuch gemacht wird, auf Ihre Bedürfnisse einzugehen, dann ist das ein Zeichen dafür, daß die Beziehung sich nicht auf eine gesunde Weise entwickelt. Entweder überschreiten Ihre Bedürfnisse die Möglichkeiten Ihres Partners, oder Ihr Partner ist zu selbstbezogen, um sich auf Sie einstellen zu können. Das zu wissen ist wichtig, ganz gleich, wie die Beziehung sich weiterentwickelt. Wenn Sie sehr viel Zuwendung brauchen, werden Sie in einer Beziehung mit einem distanzierten Menschen nicht glücklich. Das funktioniert einfach nicht.

Gegenseitige Erwartungen, mit denen beide Partner übereinstimmen, sind für eine gesunde Beziehung ganz wesentlich. Wenn Sie ständige Enttäuschungen wegrationalisieren, werden Sie nicht bekommen, was Sie wollen. Selbst in gesunden Beziehungen enttäuschen Menschen die Person, an der ihnen etwas liegt. Aber das kommt nicht so häufig vor.

Viele erwachsene Kinder von Alkoholikern wissen nicht, wie vernünftige Erwartungen aussehen. Ist es angemessen, ihn zu bitten, an meine Tür zu kommen, statt daß er in seinem Auto sitzenbleibt und darauf wartet, daß ich herunterkomme? Ist es zumutbar, wenn ich möchte, daß er eine Krawatte trägt, wenn wir essen gehen? Kann ich sie bitten, sich an den Ausgaben zu beteiligen? Und die typische Reaktion sieht so aus: Weil ich nicht weiß, ob meine Erwartungen vernünftig sind, und ich nicht wie ein Idiot aus-

sehen möchte, sollte ich vielleicht besser meinen Mund halten und abwarten, was geschieht.
Diese Einstellung hat vielleicht eine gewisse Gültigkeit, ist aber auch ein Weg, um die Konfrontation mit noch größeren Ängsten zu vermeiden. Sich mit Unbehagen zu konfrontieren ist ein großer Schritt in der Entwicklung zu einer gesunden Intimität. Paare entwickeln ihre eigenen Normen und erfüllen sich gegenseitig ihre Erwartungen. Aber zuerst müssen diese geäußert und besprochen werden.

Mythos: »Wenn ich nicht ständig alles unter Kontrolle habe, bricht ein Chaos aus.«

Wahrheit: In der wirklichen Welt hat man, wenn nötig, sein Leben in der Hand und Situationen unter Kontrolle, indem man bewußte Entscheidungen und Vereinbarungen trifft. Es gibt auch Zeiten, in denen man die Kontrolle mit anderen teilt, sowie Zeiten, in denen man sie ganz aufgibt.

Kontrolle

»Wenn ich nicht die Kontrolle habe, bricht alles zusammen.« Diese Lektion haben Sie schon sehr früh gelernt. Sie haben Ihr Leben so gut es ging unter Kontrolle gehabt, weil es ohne ein gewisses Maß an Ordnung ein Chaos gegeben hätte.
Welche Folgen hat diese Einstellung zu Kontrolle für eine Beziehung? Gesunde Beziehungen sind kein Machtkampf. Sie beinhalten Geben und Nehmen, ein

Teilen der Verantwortlichkeiten und auch, daß Sie nicht alles alleine machen müssen.

Das sind für Sie lediglich trockene Worte. »Ich bin umgezogen, ohne irgend jemanden um Hilfe zu bitten!« sagte Ann mit Nachdruck. »Viele meiner Freunde haben mir angeboten zu helfen, aber ich war entschlossen, es allein zu machen. Ich möchte niemandem etwas schulden. Und niemand würde mit meinen Sachen so sorgfältig umgehen wie ich.« Sie hat das Gefühl, die Kontrolle über ihr Leben zu verlieren, wenn sie Hilfe annimmt. Ihre Möbel werden ruiniert werden, und sie wird sich ihren Helfern auf ewig verpflichtet fühlen.

Außerdem gibt es noch die Angst davor, abhängig zu werden. »Wenn ich zulasse, daß er mir einmal hilft, und er enttäuscht mich nicht, frage ich ihn vielleicht wieder, wenn andere Dinge anstehen, und dann werde ich ziemlich schnell davon abhängig, daß er sich um mich kümmert. Dann werde ich nicht mehr imstande sein, mich um mich selbst zu kümmern, und schon hänge ich fest.« Diese Haltung beinhaltet die Vorstellung, daß das unvermeidliche Verlassenwerden uns völlig am Boden zerstört zurückläßt, wenn wir nicht ständig alles selbst im Griff haben.

Sie weiß auch nicht, wie man Dinge gemeinsam tut: »Ich weiß, wie man das alles selbst macht«, oder: »Ich weiß überhaupt nicht, wie man irgend etwas macht. Geteilte Verantwortung kenne ich nicht. Ich weiß nicht, wie das geht. Das sieht vielleicht so aus, als ob ich alles dirigieren oder mich vor meinem Teil drücken möchte, hat aber wohl mehr damit zu tun, daß ich nicht weiß, wie man die Aufgaben gleichmäßig verteilt.«

Das ist ein weiteres Thema, das ganz genau besprochen werden muß. Nehmen wir an, Ihr Partner sagt: »Es regt mich auf, daß du dir jedesmal, wenn du sagst, ich könnte etwas für dich tun, noch eine Alternative überlegst, falls ich dich im Stich lassen sollte.« Dann könnte Ihre Antwort lauten: »Das hat nichts mit dir zu tun. Ich brauche etwas Zeit, um annehmen zu können, daß ich bei dieser Sache nicht allein dastehe und die Kontrolle etwas loslassen kann, ohne am Boden zerstört zu werden.«

Ein Austausch wie dieser ist zweischneidig, weil das Bedürfnis nach Anerkennung und die Angst vor dem Verlassenwerden bei erwachsenen Kindern von Alkoholikern so stark sind, daß sie die emotionale Kontrolle aufgeben. Sie kämpfen um die Kontrolle über die Situation, geben aber ihr emotionales Selbst auf. Obwohl sie behaupten: »Ich brauche dich nicht«, liegen Sie doch schlaflos wach, wenn sie nichts von Ihnen hören.

Diese Art von Konflikten sind anstrengend und erfordern sehr viel Zeit und Gespräche, damit die Beziehung sich weiterentwickeln kann. Mit etwas Arbeit jedoch kann die Auseinandersetzung um dieses Thema leichter werden.

Mythos: »Wenn wir uns wirklich lieben, werden wir immer zusammenbleiben.«

Wahrheit: In der wirklichen Welt gibt es die verschiedensten Gründen, warum Menschen zusammenbleiben oder sich trennen. Sie können einen Menschen lieben und trotzdem die Beziehung zu ihm beenden.

Treue

Erwachsene Kinder von Alkoholikern sind sehr treue Menschen und das in all ihren Beziehungen. Obwohl Treue integraler Bestandteil einer gesunden Beziehung ist, gelten dafür doch auch bestimmte Einschränkungen. Treue beruht am besten auf einer gemeinsam getroffenen Entscheidung über die Grenzen der Beziehung. Die Partner beschließen zusammen, ob sie eine monogame Beziehung wünschen oder nicht. Sie sprechen auch über die Bereiche, wo sie sich unsicher fühlen, damit der oder die andere nicht versehentlich den wunden Punkt trifft.
Neigen Sie zum Beispiel dazu, in Panik zu geraten, wenn jemand fünf Minuten zu spät kommt, und Ihr Partner hat gar kein Zeitgefühl, müssen Sie Absprachen treffen. Wenn beide Seiten die Bedürfnisse und Wünsche des anderen respektieren, lassen sich auch Vereinbarungen finden, wie: »Ich rufe dich an, wenn es später wird«, oder »Gib mir eine Viertelstunde Spielraum.«
Erwachsene Kinder von Alkoholikern neigen dazu, ihre Treue auf die Spitze zu treiben. Sie bleiben auch dann in einer Beziehung, wenn sie wissen, daß diese zerstörerisch für sie ist. Wenn Probleme nicht gelöst werden können, ist es keine gute Idee, sich an die Phantasie zu klammern, daß das doch noch irgendwann möglich wäre. Das ist eine Wiederholung des Kindheitswunsches, daß das Leben wunderbar sein wird, wenn nur... Das hat damals nicht funktioniert und wird auch heute nicht funktionieren.

Die Treue von erwachsenen Kindern von Alkoholikern ist auch ein nachgeahmtes Verhalten. In Familien, die in Alkoholismus verstrickt sind, kommt es selten zu Trennungen, bevor nicht zumindest der Anschein von Nüchternheit erreicht ist. Sie bleiben in schlechten wie in noch schlechteren Zeiten zusammen. Die Folge ist, daß es Ihnen selbst dann leichter fällt, bei jemandem zu bleiben, statt zu gehen, wenn die Beziehung nicht mehr läuft. »Wie kannst du so gefühllos sein, einen anderen Menschen zu verletzen?« fragen sie sich. Aber Sie gehen darüber hinweg, daß *Sie* verletzt werden. Sie nehmen sich selbst die Kraft.

Ein weiterer Aspekt dieser extremen Treue ist der große Wunsch, den Schmerz des Verlustes nicht erfahren zu müssen. Sehr oft sind erwachsene Kinder in einer Beziehung, die sie vergiftet, sämtliche Punkte durchgegangen, die deren Beendigung betreffen. Die ganze Luft aus den Phantasieballons ist raus, sowohl auf der geistigen als auch auf der emotionalen Ebene, und trotzdem handeln sie nicht. »Ich bin festgefahren! Ich komme keinen Schritt voran. Was stimmt denn nicht mit mir? Ich habe keine Angst davor, allein zu sein. Ich weiß, daß ich damit zurechtkomme. Warum komme ich nicht los von ihm/ihr?«

Wenn eine Beziehung endet, werden Sie eine Trauerphase durchmachen müssen. Wenn Sie sofort eine neue Beziehung anfangen, schieben Sie Ihre Trauer nur auf, und das wird sich störend auf die neue Beziehung auswirken. Es gibt keine Möglichkeit, die Verlusterfahrung zu umgehen. Es gibt keinen Weg, den Schmerz zu vermeiden. Er ist Teil des Wachstumsprozesses.

Sie müssen in einer Beziehung verstehen lernen, daß Treue bestimmte Grenzen hat, und auch bereit sein, daran zu arbeiten. Beschließen Sie vorher, wo die Grenzen liegen sollen, und verpflichten Sie sich darauf, sich dessen bewußt zu bleiben. Erkennen Sie, wann Sie sie überschreiten und etwas anderes am Werke ist, das nicht zu Ihrem Wohle ist. Wenn Sie anfangen zu rationalisieren, dann seien Sie sich dessen bewußt; denken Sie daran, dieses Verhalten geht zurück auf ihre allerersten »Tapes«. Aber wenn Sie an sich arbeiten, können Sie sich verändern.

***Mythos:* »Mein Partner ist sich meiner niemals sicher, wird mich immer unterstützen und niemals kritisieren.«**

Wahrheit: In der wirklichen Welt verlaufen die Dinge nicht immer reibungslos, aber Sie haben immer ein Recht auf Ihre Gefühle.

Bestätigung

Für das erwachsene Kind eines Alkoholikers ist es mit das wichtigste, daß seine Gefühle bestätigt werden. In Ihrer Alkoholiker-Familie wurden Ihre Gefühle niemals bestätigt. Im Gegenteil, sie wurden abgetan mit Bemerkungen wie: »Das fühlst du doch gar nicht wirklich. Es ist nicht richtig, solche Gefühle zu haben.« Also kommen Sie sich mit Ihren Gefühlen komisch vor und fragen sich, ob sie berechtigt sind. Sie brauchen jemanden, der Ihre Gefühle bestätigt – nicht unbedingt Ihr Verhalten, aber Ihre Gefühle.

Sie brauchen einen Menschen, zu dem Sie sagen können: »Mann, das macht mich wirklich wütend. Ich wollte so vorgehen. Ich wollte das wirklich machen.« Und Sie brauchen jemanden, der darauf erwidert: »Ich kann diese Gefühle vollkommen verstehen. Sie sind berechtigt.« Kein Mensch, der in seiner Kindheit bestätigt worden ist, kommt zur Beratung oder sucht um Hilfe nach. Es ist also außerordentlich wichtig, daß der Partner eines erwachsenen Kindes eines Alkoholikers dessen Gefühle bestätigt, ganz gleich, um welche es sich handelt. »Ist doch absolut klar, warum du so fühlst. So fühlst du eben.« Vielleicht wollen Sie sich die Gefühle näher anschauen und haben selbst andere Gefühle. »Ich sehe das zwar anders, aber es ist völlig in Ordnung zu fühlen, was immer du fühlst, und es tut unserer Beziehung gut, wenn du mich wissen läßt, wie deine Gefühle aussehen. Dadurch kommen wir uns näher.«

Wenn Sie ein sicheres Klima geschaffen haben, in dem es in Ordnung ist, daß Sie sich gegenseitig Ihre Gefühle mitteilen, kann mehr Nähe zwischen Ihnen entstehen. Unter bestimmten Umständen ist die Bestätigung von Gefühlen entscheidend für die Entwicklung einer gesunden Beziehung. Das heißt, die mangelnde Bestätigung durch den Partner kann zum Hindernis werden.

Ein ziemlich extremes Beispiel dafür weiß ich aus jüngster Zeit. Eine meiner Klientinnen, die Tochter einer Alkoholikerin, lebt in zweiter Ehe mit einem Mann, der seit etwa acht Monaten auf dem Wege der

Genesung vom Alkoholismus ist. Sie selbst ist keine Alkoholikerin aber süchtig nach Zucker. Es war eine schwierige Zeit in ihrem Leben, weil ihre Mutter gerade in einem langen und qualvollen Prozeß an Krebs starb. Außer an Gehirntumoren und Krebs litt ihre Mutter auch noch an Alkoholismus im fortgeschrittenen Stadium. Joan wollte ihrer Mutter helfen.

Obwohl die Mutter Joans Bedürfnissen niemals zuverlässig nachgekommen war, mußte diese, um sich gut fühlen zu können, für ihre Mutter da sein. Wenn das bedeutete, ihre Mutter jeden Abend im Krankenhaus zu besuchen oder ihr regelmäßig zu Hause Besuche zu machen, war es für Joan wichtig, das auch zu tun. Joan konnte sich nicht von dem abwenden, was sie zu dieser Zeit als ihre Verantwortung betrachtete, denn das hätte ihr Selbstgefühl erschüttert.

Joans Ehemann reagierte auf diese Situation negativ. Bevor ihre Mutter krank wurde, hatte sie ihnen ständig im Nacken gesessen. Sie tat alles, was sie nur konnte, um die Beziehung zu zerstören und selbst ihre Tochter herunterzumachen. Und nicht nur das, jetzt stahl sie ihnen auch noch die wenige kostbare Zeit, die ihnen als Paar zusammen blieb. Das brachte ihn sehr gegen sie auf. »Mir gefällt es nicht, daß du deine Mutter jeden Abend besuchst«, sagte er. »Wir beide sehen uns nie. Was für eine Beziehung haben wir denn bloß!« Er war sehr ärgerlich und eifersüchtig. Man könnte sogar sagen, daß er sich wie ein selbstsüchtiger kleiner Junge verhielt.

Ihre Reaktion auf sein Verhalten war sehr defensiv. »Mit deiner Einstellung zerrst du wirklich an mir herum«, sagte sie. »Meine Mutter wird in gar nicht langer Zeit tot sein, und ich muß das für sie tun. Wir können noch unser ganzes restliches Leben miteinander verbringen. Es ist unfair von dir, mir diese Zeit nicht zu gönnen. Es ist wirklich erschreckend, wie wenig du meine Bedürfnisse verstehst.«

So ging das Geschreie hin und her. Sie lebten ständig im Streit. Beide hatten das Gefühl, im Recht zu sein. Keiner gab dem anderen Bestätigung.

Die Realität hier sieht so aus, daß sie in Wirklichkeit mit ihren Meinungen gar nicht so weit auseinanderlagen, und daß die Situation schrecklich war. Die Krankheit der Mutter nahm ihnen die wenige Zeit, die sie füreinander hatten, und das war für alle ein Unglück und unangenehm. Joan verbrachte sehr viel Zeit mit ihrer Mutter, ohne dafür anerkannt zu werden. Die Tatsache, daß ihre Mutter starb, diente in keiner Weise Joans Bedürfnissen. Joan gab und gab also wieder einmal.

Es wäre ideal gewesen, wenn ihr Ehemann in seiner Entwicklung einen Punkt erreicht hätte, wo er seine Frau hätte unterstützen können; aber das war nicht der Fall. Es wäre auch ideal, wenn Joan in ihrer Genesung so weit fortgeschritten wäre, daß sie sich nicht total ihrer Mutter hätte widmen müssen, aber auch das traf nicht zu. Wäre das Paar in der Lage gewesen, sich gegenseitig zu bestätigen, hätten sich die Reibungen zwischen ihnen praktisch aufgelöst.

Joan hätte zu ihrem Mann sagen müssen: »Ich stimme mit dir überein. Du hast absolut recht. Meine Mutter ist die reinste Nervensäge. Du und ich, wir verbringen nicht genügend Zeit miteinander, und sie nimmt uns die wenige kostbare Zeit, die wir zusammen haben.

Ja, ich bin voller Groll, weil ich das für mein Selbstgefühl tun muß und noch nicht den Punkt erreicht habe, wo ich den Bedürfnissen meiner Mutter in vernünftigerer Form nachkommen kann.« Wäre sie imstande gewesen, seine Gefühle zu bestätigen, statt ihre Mutter und ihr Recht, für ihre Mutter da zu sein, verteidigen zu müssen, hätten sie keinen Konflikt. Sie hätte sich gar nicht anders verhalten müssen. Sie wäre imstande zu sagen: »Ich wünschte, ich würde mich in dieser Situation weniger zwanghaft verhalten und könnte sowohl unseren Bedürfnissen als auch denen meiner Mutter nachkommen. Ich wünschte, ich wäre schon weiter in meinem Wachsen.«

Hätte sie erst einmal seine Gefühle bestätigt, müßte er nicht mehr so in die Defensive gehen, was wiederum auch ihr erlauben würde, sich weniger defensiv zu verhalten. Er könnte ihre Gefühle dann etwa mit folgenden Worten bestätigen: »Ich freue mich darüber, daß du meine Gefühle verstehst. Mich macht unsere Situation wirklich wütend, aber ich kann auch verstehen, daß wir nicht zusammenleben können, wenn du nicht dem nachgehst, was du im Augenblick für deine Pflicht hältst.«

Bestätigung kann der Schlüssel zur Überwindung einer Krise sein. Ohne Bestätigung besteht sehr wohl die Möglichkeit, daß der Schaden, der der Beziehung zugefügt wird, nicht mehr zu reparieren ist. Sie wird ihm sein »Stänkern« nicht verzeihen können, und er wird ihr nicht vergeben, daß sie ihn im Stich gelassen hat, als er das Zusammensein mit ihr wollte und brauchte. Diese Geschichte hat aber ein Happyend. Sie konnten sich schließlich doch Bestätigung geben, und das nahm den Druck von ihrer Beziehung. Als Joan eines Nachmittags ihre Mutter besuchte, hörte sie, ohne daß ihre Mutter das mitbekam, wie diese der Krankenschwester Dinge erzählte, die sie Joan niemals gesagt hatte. Sie erzählte der Krankenschwester, wie sehr sie Joan liebe, wie stolz sie auf sie sei und wie sehr sie deren Zuwendung und Aufmerksamkeit schätze.

Als Joan ihrer Mutter sagte, daß sie dem Gespräch gelauscht habe, weinten sie beide zusammen und teilten sich mit, wie sehr sie einander liebten, und ihre Mutter war dann imstande, auf eine schöne Art und Weise zu sterben, weil sie schließlich doch noch begonnen hatte, schön zu leben.

Bestätigung bedeutet nicht unbedingt Übereinstimmung, sondern beruht auf dem Respekt sowohl für Ähnlichkeiten wie für Unterschiede. Sie ist der Eckpfeiler für eine gute, tiefgehende Kommunikation. Ohne Bestätigung ist Kommunikation vor allem ein Machtspiel.

4

Sexuelle Themen

Gleichgeschlechtliche Beziehungen

Ganz gleich, ob es sich um eine heterosexuelle oder eine gleichgeschlechtliche Verbindung handelt – die Bedenken, die erwachsene Kinder von Alkoholikern in Hinsicht auf gesunde, intime Beziehungen haben, sind inhaltlich die gleichen. Diese Bedenken werden jedoch aufgrund der Schwierigkeiten verstärkt, die auftreten, wenn sie in einer Gesellschaft homosexuell sind, die der Homosexualität eine krankhafte Angst und Abneigung entgegenbringt. Obwohl gleichgeschlechtliche Beziehungen mit den gleichen Themen zu kämpfen haben, werden diese doch durch das soziale Umfeld verschärft. Die Fähigkeit, sich offen, ehrlich und frei mitzuteilen, ohne Angst vor den Konsequenzen haben zu müssen, wird durch das Aufwachsen in einem Alkoholiker- Zuhause beeinträchtigt. Sie müssen die angelernten defensiven Verhaltensweisen aufgeben und sich öffnen, damit Sie eine gesunde Beziehung leben können, und das gilt besonders für Homosexuelle, für die der Zwang, sich defensiv zu verhalten, durch das Leben in einer heterosexuellen Gesellschaft verstärkt worden ist.

Die Klienten mit gleichgeschlechtlichen Beziehungen, die mich aufsuchen, lassen sich in drei grobe Kategorien einteilen. Die ersten sind diejenigen, die sich ihrer sexuellen Vorliebe bereits so lange bewußt sind, wie sie denken können, und sehr viel Zeit und Energie darauf verwendet haben, sich mit ihrer Realität auseinanderzusetzen und damit klar zu kommen. Für diese Menschen ist der Kampf der gleiche wie für diejenigen, die in heterosexuellen Beziehungen leben, nur daß er vielleicht ausgeprägter ist.

Die zweite Gruppe besteht aus Menschen, die sich ihrer Sexualität gerade erst bewußt werden. Das sind Menschen jeden Alters, die sich gerade darüber klar geworden sind, daß sie gleichgeschlechtliche Beziehungen bevorzugen. Viele der Symptome, die sie ihr Leben lang mit sich herumgeschleppt haben, fangen an zu verschwinden. Eines dieser Symptome ist die Depression, die bei vielen abnimmt, wenn sie sich ihre sexuelle Vorliebe erst einmal eingestanden haben. Diese Gruppe ähnelt stark aufblühenden Jugendlichen, die anfangen, sich ihrer selbst als sexuelle Wesen bewußt zu werden, dabei Erregung und Angst zugleich verspüren und durch viele Erfahrungen testen und herausfinden müssen, wie die Dinge für sie sind. Diese Menschen erleben die große Freude und den großen Schmerz jugendlicher Extreme. Vielleicht sind sie eigentlich schon aus diesem Alter heraus, aber wir müssen all diese Stadien durchleben, ganz gleich, wann uns die Einsicht kommt. Zusätzliche Komplikationen können sich aus der Tatsache ergeben, daß viele dieser Menschen verheiratet sind, Kinder haben und ein schwieriges Leben in der heterosexuellen Welt führen. Sie müssen sich entscheiden, wie sie ihr übriges Leben am besten bewältigen können.

Die dritte Gruppe besteht aus Menschen, die aufgrund ihrer schmerzlichen Beziehungen zum anderen Geschlecht, die unweigerlich mit dem gegengeschlechtlichen Elternteil beginnen, beschlossen haben, diese Erfahrung nicht zu wiederholen. Also fassen sie den Entschluß, sich nur noch auf gleichgeschlechtliche Beziehungen einzulassen. Man braucht wohl kaum zu sagen, daß das nicht funktioniert. Ob ein Individuum einen Penis hat oder nicht sagt nichts über seine Persönlichkeit aus, die durchaus die gleiche sein kann wie die der Menschen, auf die Sie sich früher eingelassen haben, oder wie die Ihrer Mutter oder Ihres Vaters. Meine Erfahrung ist, daß Menschen, die gleichgeschlechtliche Beziehungen anstreben, um eine Wiederholung der Schrecken ihrer Vergangenheit zu vermeiden, mit ziemlicher Sicherheit riskieren, den gleichen Persönlichkeitstyp zu wählen, den sie sich auch für ihre heterosexuellen Beziehungen ausgesucht haben.

Wichtig ist hier zu bedenken, daß sie die unterschwelligen Themen klären müssen, vor denen sie fliehen.

Die gesunde Wahl eines Partners ist ganz unabhängig von dessen Geschlecht möglich.
Die wichtigsten Punkte beim Thema Intimität sind für Lesbierinnen und schwule Männer, die erwachsene Kinder vor Alkoholikern sind, die gleichen wie für Menschen, die in heterosexuellen Beziehungen leben. Die Schwierigkeiten werden durch die gesellschaftlichen Umstände verstärkt, aber der Kampf ist der gleiche.

Allgemeinere sexuelle Themen

Die sexuelle Beziehung eines Paares ist symptomatisch für seine Beziehung insgesamt. Die hier auftauchenden Themen zeigen sich auch in anderen Bereichen, weil sexuelle Intimität ein Mittel ist, zu kommunizieren und sich mitzuteilen.
Ich bekomme endlose Fragen zu diesem Thema zu hören: Was ist normal? Wie lange dauert es, bis man eine sexuelle Harmonie entwickelt hat? Ist es gut, sexuelle Erfahrungen und Einstellungen offen mitzuteilen? Bin ich überhaupt gut? Bin ich gut genug? Kann Sex Spaß machen? Muß man viel darüber wissen? Wie kann ich aufhören, mich zurückzuhalten? Wenn ich ungebunden bin, bin ich dann angreifbarer? Werde ich lediglich als Sexobjekt betrachtet? Muß ich die Kontrolle aufgeben?
Stellen Sie Ihre Fragen. Lesen Sie entsprechende Bücher. Sprechen Sie mit Ihrem Partner über Sex. Finden Sie heraus, was Ihnen gut tut. Das Paar selbst entscheidet, was normal ist, und das ist eine gemein-

same Lernerfahrung. Sprechen Sie über die Dinge, die Sie stören. Manche können leicht geklärt werden, während andere, die auf Ihrer Geschichte beruhen, längere Zeit zu ihrer Überwindung brauchen. Die elterliche Beziehung, die Sie in Ihrer Kindheit vor sich sahen, war in vieler Hinsicht verzerrt, und das betrifft auch das Sexualleben. Dieser Einfluß kann es Ihnen schwer machen, eine Einstellung zur Sexualität zu finden, und Sie mit Fragen über Ihre Sexualität zurücklassen. Vielleicht sind Sie in bezug auf Ihre Sexualität ebenso verwirrt, wie in vielen anderen Aspekten Ihres Lebens.

Es fällt Ihnen in jedem Bereich Ihres Lebens schwer, sich an sich selbst zu freuen. Sie müssen sich also anschauen, was Sexualität für Sie bedeutet. Eine Klientin sagte: »Meine Eltern haben sich heftig gestritten. Dann hatten sie Sex, und alles war gut. Ich habe das immer so aufgefaßt, daß Sex eine Möglichkeit ist, einen Streit zu beenden, aber ich wußte, daß daran etwas nicht stimmte.« Was fehlte war, daß der Konflikt nicht gelöst wurde. Sex wurde eher als Mittel zur Vermeidung von Problemlösungen benutzt, statt als Möglichkeit, die Beziehung zu vertiefen.

Hier ein weiteres Beispiel: »Meine Mutter hat mir erzählt, für eine Frau sei Sex eine Pflicht. Sex sei nicht lustvoll, bringe aber Männer zum Schlafen. Ich will das für mich nicht so, aber ich fühle mich schuldig, wenn ich zu Sex aufgefordert werde und mich verweigere.«

Um diese Gefühle zu klären, sollte ein Paar über seine sexuelle Beziehung und vor allem über seine Erwartungen sprechen.

Und wieder: »Sex wurde bei mir zu Hause immer als Kontroll- und Machtmittel benutzt. Er war mit körperlichem Mißbrauch verbunden. Weil ich soviel Angst habe, daß mir das auch passiert, lebe ich enthaltsam.«

Das ist ein schweres und ernstes Problem, das mit einer Therapeutin oder einem Therapeuten durchgearbeitet werden muß. Auch ein liebevoller Partner kann weiterhelfen, aber in Fällen wie diesem ist wahrscheinlich weitere Unterstützung nötig.

Viele Männer und Frauen berichten, daß sie nicht zum Höhepunkt kommen. Bei weiteren Nachforschungen wird deutlich, daß sie sich auch in anderen Bereichen ihrer Beziehung zurückhalten. Der Grund ist die Angst, verletzlich zu sein, denn Verletzlichkeit war immer gleichbedeutend mit Schmerz. Und diese Situation zeigt sehr deutlich, wie das mangelnde Eingehen von Risiken eine Erfahrung behindern kann.

Alkoholismus führt noch zu weitaus komplexeren Problemen. Martha berichtete folgendes: »Mein Vater betrog meine Mutter, und meine beiden alkoholabhängigen Eltern hintergingen mich. Die Folge ist, daß ich mich sexuell auf niemanden einlassen möchte, weil ich nicht glaube, das alles noch einmal durchstehen zu können. Ich denke, das ist unter anderem auch der Grund dafür, warum ich soviel zugenommen habe.«

Ein Gespräch über Alkoholiker und deren Bedürfnis nach Zuspruch wird bei dieser Frau nicht weiterhelfen. Sie ist auf einer tiefen Ebene der festen Meinung, daß ihre Ehemänner ihr untreu geworden sind, weil sie nicht begehrenswert ist. In gewisser Weise fühlt sie sich auch für die Schürzenjägerei ihres Vaters verantwortlich. Dick werden ist ein Weg, das Thema zu vermeiden: Wenn niemand sie sexuell begehrenswert findet, muß sie sich mit Sexualität auch nicht auseinandersetzen. Glücklicherweise arbeitet sie mit einem guten Therapeuten, der ihr hilft, ihr sexuelles Selbst zu entdecken, sowie zu erkennen, daß ihre Schwierigkeiten nicht in ihrer mangelnden Attraktivität sondern in ihrer Partnerwahl begründet sind. In dem Maße, wie sie sich verändert und wächst, wird ihre Partnerwahl auch stärker ihren wirklichen Wünschen entsprechen.

In gesunden Beziehungen wächst die Entscheidung, monogam zu sein, wenn die Beziehung sich vertieft. Nicht selten sind Menschen, die sich neu kennenlernen, sexuell auch noch mit anderen Partnern zusammen. Wenn die Beziehung sich weiterentwickelt, entscheiden sie über die Frage, wie ausschließlich sie sein soll. Ist Alkoholismus mit im Spiel, verschieben sich die Regeln. Gleich zu Anfang lebt das Paar monogam, aber es ist nicht ungewöhnlich, daß der Alkoholiker im Verlauf des Fortschreitens seiner Krankheit nach anderen Partnern Ausschau hält.

Ein weiteres Problem, das ich zu hören bekomme, sieht so aus: »Der einzige Ort, wo ich das Gefühl von Macht und Kontrolle habe, ist das Schlafzimmer. Ich fange an zu glauben, daß das das einzige ist, was ich einem Menschen zu bieten habe. Das macht mich sehr traurig.« Fassen Sie Mut. Wenn Sie im Schlafzimmer ein guter Partner oder eine gute Partnerin sein können, sind Sie auch in anderen Bereichen der Bezie-

hung dazu imstande. Was im Schlafzimmer passiert, läßt sich auf andere Bereiche übertragen.
Rein körperlich gesehen ein guter Liebhaber oder eine gute Geliebte zu sein, ist wieder etwas anderes. Wenn Sie vor allem technisch gut sind, sprechen wir nicht über eine Beziehung. In einer Beziehung sind emotionales Einlassen und Zuwendung das Primäre. Vielleicht trauen Sie sich nicht zu, Ihre Gefühle wirklich äußern zu können. Vielleicht ist das Schlafzimmer der Ort, wo Sie dazu imstande sind. Irgendwie haben Sie Ihre Freiheit auf diesem Gebiet wieder einmal dazu benutzt, sich fertigzumachen, statt mit sich Spaß zu haben. Auch das Gegenteil kann vorkommen: »Ich liebe meinen Mann sehr. Er ist mir sehr teuer, und wir sind sowohl gute Freunde als auch Mann und Frau. Ich möchte mein ganzes Leben mit ihm teilen, aber ich möchte ihn nicht körperlich lieben. Bei mir zu Hause war körperliche Liebe wie ein Gewaltakt. Ich habe schreckliche Angst, daß sie sich auch bei uns dazu entwickeln könnte.«
Als ich mit Lynn über körperliche Liebe sprach wurde deutlich, daß sie vom Koitus geredet hatte. Als ich sie fragte, ob sie es genießen würde, wenn ihr Mann ihr Zärtlichkeiten sage oder seinen Arm um sie lege, sagte sie: »Oh ja.« Als ich sie fragte, ob sie jemals Hand in Hand mit ihm spazierengegangen sei, sagte sie, daß sie auch das genieße. In Wirklichkeit lieben die beiden sich auf vielerlei Weise körperlich. Aufgrund ihrer Kindheitserfahrungen hat sie körperliche Liebe mit dem Koitus gleichgesetzt und war nicht imstande, darüber hinaus zu sehen. Als sie sich bewußt machte, auf wie vielfältige Weise sie ihren Mann körperlich

liebt, befreite sie sich von der Vorstellung, sie würde die negative Beziehung ihrer Eltern wiederholen.

Es gibt endlose Variationen zu diesem Thema. Das allen zugrundeliegende Problem ist: »Ich habe Angst vor Nähe.« Wenn Sie daran arbeiten, in anderen Bereichen Nähe zuzulassen, wird sich das auch auf Ihre Sexualität auswirken. Sollten Sie dann feststellen, daß Sie auf diesem Gebiet immer noch Schwierigkeiten haben, kann es an der Zeit sein, mit einem professionellen Berater zu arbeiten, der Ihnen helfen kann, diese Schwierigkeiten zu überwinden. Sex ist nur ein Aspekt einer Beziehung. Aber die gemeinsame Nähe in dieser Form kann sehr wichtig und wesentlich sein. Es ist wichtig für Ihr persönliches Wachstum, daß Sie die Verzerrungen, die aus Ihrer Kindheit resultieren, überwinden. Denken Sie auch hier daran, daß Sie nicht genug Information haben, um all Ihre Fragen selbst beantworten zu können. Das ist vielleicht Ihr größtes Hindernis.

Nehmen Sie es leicht, sowohl was Sie selbst als auch was Ihren Partner betrifft. Und wieder einmal heißt es langsam vorgehen. Tatsächlich ist kein Aspekt einer gesunden Beziehung einfach über Nacht da. Das Potential kann sofort offensichtlich sein, aber eine Beziehung ist eine Erfahrung, die sich Tag für Tag weiterentwickelt.

Inzest

Obwohl es in Familiensystemen, die vom Alkohol beeinträchtigt werden, nicht zwangsläufig zu Inzest kommen muß, tritt er doch häufig genug auf, um hier besprochen zu werden.

Der Inzest als Manifestation von Störungen in Familien ist sehr viel häufiger verbreitet, als unsere gerade erst begonnenen Forschungen uns enthüllen. Das Familiensystem, in dem der Alkoholismus präsent ist, bietet einen fruchtbaren Boden für Inzest. Es besteht kein Zweifel daran, daß erwachsene Kinder von Alkoholikern, die einen Inzest überlebt haben, sich beim Aufbau gesunder intimer Beziehungen großen zusätzlichen Schwierigkeiten gegenübersehen.

Obwohl es auch zwischen Müttern und Söhnen, Vätern und Söhnen und unter Geschwistern zum Inzest kommt, ist die häufigste Form die zwischen Vätern und Töchtern. Deswegen werden wir uns bei der folgenden Diskussion auch darauf konzentrieren.

Ein Inzest kann direkt oder indirekt sein. Direkter Inzest wird als sexueller Kontakt innerhalb der Familie definiert. Auch wenn es dabei nicht tatsächlich zum Koitus kommen muß, geht er mit sexuellem Kontakt in der einen oder anderen Form einher. Die am meisten verbreiteten Formen sind das Betasten von Brüsten und Genitalien, das Heranziehen des Kindes beim Masturbieren und oraler Sex. Der indirekte Inzest beinhaltet das gleiche Triebgeschehen, ohne daß es tatsächlich zum körperlichen Kontakt kommt.

Viele der Umstände, die in anderen inzestuösen Familien existieren, sind auch im Alkoholiker-Familiensystem präsent. Mit Sicherheit finden wir hier das Tabu vor, über die Vorkommnisse zu sprechen, und die Familie ist ebenso isoliert. Wie in Alkoholiker-Familien hat auch in vielen inzestuösen Familien eine der Töchter, meistens die älteste, viele Haushaltspflichten sowie die Aufsicht über die kleineren Kinder übernommen. Den Vater sexuell zu befriedigen, kann von ihr als Fortsetzung ihrer Rolle als »kleine Mutter« betrachtet werden. Dieses Verhalten tritt mit noch größerer Wahrscheinlichkeit auf, wenn Mutter und Tochter die Rollen gewechselt haben. Zu diesem Rollenwechsel kommt es oft dann, wenn die Mutter chronisch krank oder alkoholabhängig ist.

Wie wirkt sich Inzest später auf intime Beziehungen aus? Das erste ist, daß die Fähigkeit zu vertrauen, über die schon gesprochen wurde, zerstört wird. Der empörendste Aspekt einer inzestuösen Beziehung besteht darin, daß das Kind keinen »sicheren Hafen« mehr hat. Es gibt niemanden, an den es sich wenden kann.

Ich habe viele Klienten, die Inzestopfer sind, gefragt, warum sie niemandem davon erzählt haben. »Warum haben Sie bis Ende zwanzig oder Anfang dreißig damit gewartet, jemanden wissen zu lassen, daß Sie als Kind mißbraucht wurden?« Die Antwort lautet unweigerlich: »Wozu wäre das denn gut gewesen? Hätte ich es meiner Mutter erzählt, hatte das auch nichts geändert. Sie hätte mir nicht geglaubt oder sich nicht damit auseinandergesetzt. Es hätte alles nur noch schlimmer gemacht. Ich konnte doch gewiß nicht zu jemandem gehen, der nicht zu unserer Familie gehörte.« Diese Kinder hatten keinen Ort, den sie hätten aufsuchen können, niemanden, der ihnen half.

Das sind also die Umstände, unter denen Sie schon in sehr frühen Jahren erfahren haben, daß man niemandem trauen kann. Sie konnten mit Sicherheit nicht dem Elternteil vertrauen, der Sie sexuell mißbraucht hat, und auch nicht dem anderen. So haben Sie erfahren, daß Sie nur sich selbst vertrauen können. Es ist ziemlich klar, was Sie aufgrund dieser frühen und sich meistens fortsetzenden Erfahrung lernten. Als erstes haben Sie aus dem Leben mit dem Alkoholismus erfahren, daß Sie nicht vertrauen können, weil Sie verletzt werden, wenn Sie es doch tun. Darüber hinaus haben Sie gelernt, daß es niemanden gibt, dem Sie vertrauen können. Diese frühen Erfahrungen verstärken in großem Maße Ihre Schwierigkeiten, in späteren intimen Beziehungen einem Menschen zu vertrauen.

Als zweites beeinträchtigt Inzest Ihr augenblickliches Sexualverhalten. Es ist nicht unüblich, daß überlebende Inzestopfer in einer sexuellen Beziehung mit einem anderen Menschen plötzlich in den Schrecken ihrer Kindheit zurückfallen. In einer liebevollen Beziehung werden die Kindheitserfahrungen plötzlich wieder auftauchen, und das führt zu Schwierigkeiten.

Drittens glauben einige überlebende Inzestopfer, daß sie Liebe und Zuwendung nur über Sex bekommen können. War die sexuelle Erfahrung mit dem Vater lustvoll, betrachten sie sich als Menschen, die enorme sexuelle Macht über andere haben. Diese Phantasie behindert die Entwicklung einer gesunden intimen Beziehung. Sie führt auch dazu, daß die Betroffenen Männer idealisieren.

Als viertes beschließen viele, sich nur noch auf gleichgeschlechtliche Beziehungen einzulassen, weil sie niemals wieder den gefürchteten Penis sehen wollen.

Aber die anderen Verzerrungen und Schwierigkeiten kommen trotzdem weiterhin ins Spiel. Die Schwierigkeit zu vertrauen verschwindet nicht einfach dadurch, daß Sie eine gleichgeschlechtliche Beziehung eingehen. Sie konnten beiden Eltern nicht vertrauen. Dieses Vorgehen ist als solches also keine Lösung des Problems.

Verläuft der Inzest indirekt statt direkt gelten im wesentlichen die gleichen Umstände. Der Vater behandelt das kleine Mädchen wie seine Frau oder sein Liebesobjekt. Er ist eifersüchtig auf ihre Verehrer und verhält sich auf eine subtile Weise sexuell anzüglich. Sie tut viele Dinge, die unter anderen Umständen wahrscheinlich seine Frau getan hätte. Die Folgen sehen hier aber etwas anders aus. Das Kind fühlt sich nicht mißbraucht, es fühlt sich idealisiert. Es idealisiert auch den Vater, was es der Frau später extrem schwer macht, sich auf andere Männer zu beziehen. Weil ihr Vati das vollkommene Liebesobjekt ist, versucht sie ihn durch Männer zu ersetzen, die ihm ähnlich sind.

Auch diese Bindung ist schwer zu durchbrechen. Warum sollten wir uns von jemandem lösen wollen, der uns so stark das Gefühl gibt, etwas besonderes zu sein? Wie können wir einen anderen Menschen finden, der uns so bedingungslos anbetet? Es ist qualvoll schmerzlich, diese Bindung durchzuarbeiten. Auch wenn Ihre sexuellen Phantasien nicht zu realen Erfahrungen geworden sind, können sie Sie so stark beeinflussen, daß Sie keinen anderen Menschen gern haben können. Es ist ein Fehler, die Auswirkungen einer indirekten inzestuösen Beziehung zu unterschätzen.

Die Reaktion des Kindes auf die schwere Verletzung durch den Inzest verläuft auf einer sehr tiefen Ebene und muß auch auf dieser angesprochen werden. Bei vielen Themen, die das Leben in einem Alkoholiker-Zuhause betreffen, bringt das bloße Aufdecken im Gespräch mit anderen Menschen, die verständnisvoll sind und die gleichen Erfahrungen gemacht haben, Sie auf Ihrem Weg zur Ihrer Heilung ein ganzes Stück weiter.

Da das für Inzest aber meistens nicht gilt, ist es sehr wichtig, ihn mit professioneller Hilfe durchzuarbeiten. Sie müssen mit den Schuldgefühlen und der Scham, die Inzestopfer empfinden, ins Reine kommen. Irgendwo haben Sie immer das Gefühl, »Ich bin verantwortlich«. »Warum ist mir das passiert und nicht meiner Schwester?« Oder: »Wenn es sowohl meiner Schwester als auch mir passiert ist, warum habe ich dann nichts unternommen, um es zu verhindern?« Weil Kinder sich dem Alkoholiker-Familiensystem unterwerfen, haben sie rückschauend das Gefühl, mit dem Inzest einverstanden und dafür bereit gewesen zu sein, nicht dagegen angekämpft zu haben. Sie fühlen sich verantwortlich, und das ist weder begründet noch wahr.

Heute würden Sie dieses Verhalten nicht zulassen, aber der Erwachsene, der Sie jetzt sind, hat noch nicht existiert, als Sie ein Kind waren. Betrachten Sie sich einmal als ein kleines Mädchen und erzählen Sie ihr, daß sie verantwortlich für das ist, was damals geschah. Das ist nicht möglich. Sich von den Schuldgefühlen zu befreien ist jedoch nicht so leicht, wie intellektuell einzusehen, daß Sie nicht verantwortlich gewesen sein können. Viele, die die Rolle der Mutter übernommen haben, wollten diese damit sogar beschützen. Das ist ähnlich wie das Verhalten eines Kindes, das die Schläge, die für seine Geschwister oder für die Mutter gedacht sind, auf sich nimmt, damit diese sie nicht erleiden müssen. Sie waren in keiner Weise verantwortlich. Das Schuldgefühl, das Sie empfinden, weil Sie den Inzest nicht verhindert haben, ist unangemessen. Sie hatten keine Wahl, weil Sie keine Alternativen kannten.

Auch die Scham, die Sie empfinden, ist unangemessen. Das Gefühl, ein ekelhafter Mensch zu sein, sich als Mensch zu empfinden, der Opfer eines Inzest wurde, weil er ekelhaft ist, ist falsch. Sie waren nicht ekelhaft. Sie waren ein Opfer und gerieten in eine Falle. Sie müssen diese Schamgefühle durcharbeiten, um sich mit sich selbst gut fühlen zu können. Sonst wird Ihre Scham Sie daran hindern, eine gesunde sexuelle Beziehung zu entwickeln, in der Sie Ihren Körper als etwas Natürliches und Gutes feiern können.

Versuchen Sie das nicht alleine. Es gibt heute viele Therapeutinnen und Therapeuten, die sich auf die Arbeit mit Inzestopfern spezialisiert haben. Es ist wichtig, daß Sie mit jemandem arbeiten, der nicht nur ein Gespür für das Alkoholiker- Familiensystem hat, sondern auch für die Erlebnisse von Kindern, die sexuell mißbraucht wurden. Ich kann das nicht genug betonen, denn die Krankengeschichte des sexuellen Mißbrauchs reicht tiefer als die Folgen des Alkoholismus. Damit will ich den Schmerz und den Kampf nicht bagatellisieren, dem man sich sein ganzes restliches Leben lang gegenübersieht, wenn man in einem Alkoholiker-Zuhause gelebt hat.

Sie sind nicht alleine. Wenn Sie erst einmal anfangen, Ihre Erfahrungen mitzuteilen, werden Sie verblüfft feststellen, daß viele Menschen ähnliches durchgemacht haben. So wie es Ihnen nicht gut tut, wenn Sie das Geheimnis eines Lebens mit dem Alkoholismus für sich behalten, arbeitet es auch gegen Sie, wenn Sie das Geheimnis des Inzests wahren. Das Mitteilen dieses Geheimnisses kann der Anfang Ihrer Befreiung sein. Es sagt über Sie nicht das geringste aus, daß Sie einen Elternteil hatten, der so krank war, Sie in dieser Weise zu mißbrauchen.

5

Wie Sie erwachsenen Kindern von Alkoholikern Ihre Liebe zeigen können

Mich überrascht es überhaupt nicht, daß Sie sich in das Kind eines Alkoholikers verliebt haben. Diese Menschen sind die liebenswertesten und treuesten, die es gibt. Sie haben mehr zu bieten als sämtliche anderen Gruppierungen, die ich kenne. Ich bin sicher, daß auch Sie davon beeindruckt sind, was sie in einer Beziehung geben können, sonst hätten Sie sich nicht auf das Kind eines Alkoholikers eingelassen.

Ich bin auch sicher, daß die Beziehung mit dem erwachsenen Kind eines Alkoholikers für Sie oft sehr verwirrend ist. Gerade dann, wenn Sie glauben, daß alles wunderbar ist, daß die Beziehung die fantastischste, schönste, intensivste, intimste und aufregendste Erfahrung Ihres Lebens ist, wird Ihr Partner sich zurückziehen. Sie werden überhaupt nicht verstehen, was da los ist, und wenn Sie dann glauben, es genau zu wissen, wird er oder sie das Gegenteil tun. Das Kind eines Alkoholikers wird sehr oft Reaktionen zeigen, die Ihnen komisch vorkommen und die überhaupt keinen Sinn ergeben. Natürlich werden Sie dann verwirrt sein. Dieses Kapitel soll Ihnen helfen, besser zu verstehen, was in Ihrem Partner vorgeht. In den meisten Fällen hat das merkwürdige Verhalten Ihres Partners überhaupt nichts mit Ihnen zu tun, auch wenn Sie es durch Ihr Verhalten ausgelöst haben können.

Ich sage Ihnen nicht, daß Sie sich anders verhalten sollen, es sei denn, daß es für Sie und Ihren Partner von Nutzen ist, daß Sie beide Ihr Verhalten ändern. Es geht hier vielmehr darum, Sie wissen zu lassen, was da passiert, damit Sie mit Ihren Reaktionen in bestimmten Situationen besser auf das eingehen können, was im erwachsenen Kind eines Alkoholikers tatsächlich vorgeht.

Es ist sehr nützlich, wenn Sie wissen, was Ihren Partner auf die Palme bringt. Wenn Kinder von Alkoholikern auf bestimmte Situationen merkwürdig reagieren, dann darum, weil sie nicht wissen, wie sie sich anders verhalten sollen. Sie wissen weder, daß es auch noch andere Möglichkeiten gibt, noch was der Situation wirklich angemessen ist. So oft bekomme ich zu hören: »Wie soll ich denn das Richtige tun, wenn ich nicht weiß, was richtig ist?« Vielleicht gibt es so etwas

wie »richtig« überhaupt nicht. Aber es gibt ganz sicher Reaktionsweisen, die angemessen sind.
Menschen aus einer intakten Familie riskieren zum Beispiel viel eher Konfrontationen mit anderen als Menschen, die aus einem Alkoholiker-Zuhause kommen. Wenn Sie in einem Restaurant sind und am Nebentisch geraucht wird, was für Sie unangenehm ist, ist es ganz natürlich, darum zu bitten, daß die Zigaretten ausgemacht werden oder der Rauch in eine andere Richtung geblasen wird. Das erwachsene Kind eines Alkoholikers hingegen windet sich vielleicht auf seinem Stuhl oder ist völlig verschreckt. Es hat viele Gefühle, die Sie niemals empfinden würden. Je nach Geschichte empfindet es vielleicht sehr viel Angst, die mit dem Gefühl einhergeht, Sie in Schutz nehmen zu wollen, sowie mit einer überwältigenden Dankbarkeit für Sie, weil Sie sich um die Situation kümmern.
Konfrontationen sind für die Kinder von Alkoholikern niemals leicht. Und besonders schwer fällt es ihnen, sich in einer intimen Beziehung mit Ihnen zu konfrontieren. Es fällt Ihnen auch nicht leicht, Sie bei Konfrontationen mit anderen zu beobachten, ganz gleich, wie unbedeutend der Vorfall sein mag. Ich sage nicht, daß Sie damit aufhören sollen. Seien Sie sich einfach darüber im klaren, daß die Reaktion Ihres Partners ganz anders aussehen kann, als Sie sich das vorgestellt haben.
Kinder von Alkoholikern haben mehrere grundlegende Ängste, die es dem anderen schwer machen, auf sie einzugehen. Ihr Verständnis kann helfen, diesen Ängsten die Spitze zu nehmen. Ich behaupte nicht,

daß alle erwachsenen Kinder von Alkoholikern diese Ängste haben, wahrscheinlich zeigen sie aber eine oder mehrere davon.

Die erste Angst: »Ich habe Angst, dich zu verletzen.«

Diese Angst resultiert aus der Tatsache, daß Kindern von Alkoholikern nicht beigebracht wird, wie sie sich der Situation entsprechend äußern und verhalten können. Ihr Verhalten entwickelt sich aus der Beobachtung anderer Menschen. Obwohl viele von ihnen sich tatsächlich angemessen verhalten und sehr kluge, charmante und redegewandte Menschen sind, glauben sie nicht, daß sie es sind. Sie haben Angst, Ihre Grenzen zu verletzen. Sie fürchten, sie könnten Sie, ohne es zu wollen, durch ihre Worte oder ihr Verhalten verletzen. Sie tun das alles nicht absichtlich, sondern weil sie es nicht anders wissen. Die Folge ist, daß Kinder von Alkoholikern meistens nicht spontan sind, und Sie häufig das Gefühl haben können, daß sie sich zurückhalten. Es lohnt sich, dem auf dem Grund zu gehen. Sie können zu dem erwachsenen Kind eines Alkoholikers, mit dem Sie zusammen sind, zum Beispiel sagen: »Laß uns das Risiko eingehen. Wenn du etwas tust oder sagst, das mich verletzt, werde ich es dir sagen, so wie auch du mir sagen wirst, wenn ich etwas tue, was dich verletzt. Das ist die einzige Möglichkeit, wie wir uns wirklich kennenlernen und gegenseitig auf unsere Gefühle achten können.«

Die zweite Angst: »Der Mensch, den du in mir siehst, existiert gar nicht.«

Kinder von Alkoholikern sind so damit beschäftigt, normal auszusehen und sich normal zu verhalten, daß sie auf vielerlei Weise die Person fabrizieren, die sie gern wären, oder von der sie denken, daß Sie sie gern hätten. Es ist sehr wahrscheinlich, daß dieses Maskenspiel nicht so gut funktioniert, wie sie gerne glauben möchten. Wahrscheinlich sind Sie sehr wohl imstande, zu sehen, wer er oder sie wirklich ist, und fühlen sich gerade von diesem Menschen angezogen. Dem Kind eines Alkoholikers fällt es schwer, das zu glauben. Nach außen hin sehen diese Menschen gut aus, aber während ihr äußeres Verhalten aufregend und interessant ist, zittern sie innerlich vor Angst. Obgleich beide Seiten der Persönlichkeit stimmen und wahr sind, hat das Kind eines Alkoholikers das Gefühl, die selbstsicher aussehende äußere Seite sei nicht real, sondern das ängstliche innere Selbst sei sein wirkliches Selbst. Deswegen will es Ihnen vormachen, daß letzteres gar nicht existiert. Es wäre ideal für das erwachsene Kind eines Alkoholikers, wenn es seine Ängste ausdrücken und Selbstvertrauen gewinnen würde. Obwohl beide Seiten der Persönlichkeit existieren, ist das erwachsene Kind eines Alkoholikers nicht sicher, ob Sie es als den Menschen sehen, der es wirklich ist. Noch schlimmer, wenn Sie es real sehen, befürchtet es, nicht länger interessant und attraktiv gefunden zu werden. In seinem Denken existiert die begehrenswerte, interessante, attraktive, intelligente, charmante, sexuelle Person gar nicht wirklich, auf die Sie glauben, sich eingelassen zu haben.

Die dritte Angst: »Ich werde die Kontrolle über mein Leben verlieren.«

Meine Mutter war außer Kontrolle, mein Vater war außer Kontrolle – und die beiden hatten die Kontrolle über mich. Was für ein schrecklicher Gedanke! Was für eine entsetzliche Erinnerung! Ich darf nicht zulassen, daß das noch einmal passiert. Weil ich mir meiner selbst so unsicher bin, habe ich Angst, ich könnte mich dir in allem fügen, wenn ich dir näher komme. Ich werde dir sämtliche Entscheidungen überlassen, weil ich Angst habe, die falschen zu treffen. Ich will das wirklich nicht, aber ich bin mir nicht sicher, ob ich stark genug bin, nicht nachzugeben. Deswegen werde ich mich von dir zurückziehen oder absurde Forderungen stellen, die du wahrscheinlich nicht erfüllen kannst, um mir zu beweisen, daß du die Kontrolle übernehmen willst.

Um diesem Problem entgegenzuarbeiten, müssen Sie sich als Paar zusammensetzen und Ihre Entscheidungen zusammen ausarbeiten. Erwachsene Kinder von Alkoholikern haben kein besonders ausgeprägtes Gespür für Alternativen und Konsequenzen. Besprechen Sie die vorhandenen Möglichkeiten und treffen Sie gemeinsam Absprachen. Ihre Ungeduld mit der Unentschlossenheit Ihres Partners wird – auch wenn sie verständlich ist – diesem nicht helfen, Entscheidungen zu treffen. Sie werden sich wahrscheinlich die Zeit nehmen müssen, die Dinge zusammen durchzugehen und herauszufinden, ob das erwachsene Kind eines Alkoholikers sämtliche Informationen hat, die notwendig sind, um eine Entscheidung fällen zu können. Vielleicht müssen Sie zu Ihrem Partner sagen: »Ich treffe diese Entscheidung, weil sie bis dann und dann fällig ist. Das heißt aber nicht, daß ich versuche, in unserer Beziehung die Kontrolle zu übernehmen. Es bedeutet lediglich, daß eine Entscheidung getroffen werden muß.« Dinge, die gemeinsam offen besprochen werden, sind weniger beängstigend und können realistischer betrachtet werden.

Die vierte Angst: »Es ist ja sowieso alles egal.«

Das ist eine sehr defensive Haltung. Sie beruht auf einer depressiven Einstellung, die im Alkoholiker-Familiensystem erlernt wurde und sich zu einem depressiven Lebensstil entwickelt hat. Wenn man deprimiert ist, hat man das Gefühl, daß nichts wirklich wichtig ist. Diese Haltung ist also auch ein gewisser Schutz: »Wenn ich beschließe, daß sowieso alles egal ist, wird es mich auch weniger verletzen, wenn irgend etwas schief geht. Lasse ich aber zu, daß es wichtig ist, wird es für mich verheerend sein, wenn es daneben geht.« Diese Haltung kann auch ein Test sein. Das erwachsene Kind eines Alkoholikers will damit wiederholt herausfinden, ob es sicher sein kann, daß Sie nicht weggehen. Vielleicht müssen Sie Ihren Partner damit konfrontieren, was er macht, indem Sie sagen: »Das ist ein Spiel. Du bist mir wichtig. Und du mußt mich nicht ständig testen.« Wenn Sie nichts sagen, und das Testspiel geht weiter, werden Sie irgendwann

gehen: Sie werden auf die Dauer damit nicht umgehen können.
Das Testen ist jedoch kein Egoismus oder der Versuch, Sie auf Herz und Nieren zu prüfen. Es resultiert eher aus Unsicherheit und einem ziemlich schwachen Selbstbild, und nur die Zeit kann hier heilen. Nach und nach wird Ihr Partner die Verteidigungshaltung aufgeben. »Es ist doch sowieso egal«, heißt soviel wie: »Ich existiere gar nicht«, und »Wenn ich nicht da bin, wirst du mich ganz vergessen.« Das soll Sie provozieren, ständig zu versichern, daß Ihnen an Ihrem Partner etwas liegt. Wenn Sie das erst einmal durchschaut haben, können Sie fragen: »Wie oft muß ich dir das noch sagen?« »Wie sehr muß ich es dir noch zeigen?«

Die fünfte Angst: »Das ist in Wirklichkeit gar nicht so.«

Ihr erwachsenes Kind eines Alkoholikers mag zu Ihnen bei vielen Gelegenheiten gesagt haben: »Das ist in Wirklichkeit gar nicht so. Das geschieht gar nicht wirklich.« Es äußert diese Gedanken, wenn alles gut läuft – wenn Sie Ihre gemeinsame Beziehung gerade so wunderbar, schön und außergewöhnlich finden, daß Sie kaum daran glauben können. Nicht daran glauben ist etwas anderes als nicht zu sehen, daß es Wirklichkeit ist. Nicht daran glauben beinhaltet eine ganz reale Aufregung und ein Gefühl von Staunen: »Was für ein Glück für mich, daß ich diesen Menschen gefunden habe, mit dem ich soviel teilen und erleben kann!« Wahrscheinlich meinen Sie das, wenn Sie sagen: »Ich kann kaum glauben, daß mir das passiert. Was bin ich nur für ein Glückspilz!«

Wenn das erwachsene Kind eines Alkoholikers hingegen sagt: »Das ist in Wirklichkeit gar nicht so«, meint es etwas anderes. Für viele dieser Kinder war das Aufwachsen so traumatisch, daß das die einzige Realität ist, die sie kennen. Ist das Leben schön, ist ihnen das so wenig vertraut, daß sie ein Gefühl von Unwirklichkeit haben. Es ist ihnen unangenehm.

Wenn Sie im siebten Himmel schweben und glauben, Ihr Partner stehe Ihnen zur Seite, kann er etwas tun, was die Beziehung sabotiert. Ganz plötzlich, total aus der Luft heraus gegriffen, wird das erwachsene Kind eines Alkoholikers einen Streit mit Ihnen anfangen oder Ihre Anrufe nicht beantworten. Dieses Verhalten ergibt für Sie überhaupt keinen Sinn, und Sie fühlen sich weggestoßen. Wenn das Leben wunderbar ist, kann das nicht die Wirklichkeit sein, also wird das erwachsene Kind eines Alkoholikers mit Hilfe von Sabotage versuchen, seine Wirklichkeit wieder herzustellen.

Da Sie das wissen, müssen Sie sich nicht ganz so vor den Kopf gestoßen fühlen. Sie können erkennen, daß das unangenehme Verhalten Ihres Partners nichts mit Ihnen zu tun hat, sondern die angelernte Reaktion des erwachsenen Kindes eines Alkoholikers ist. Sie könnten einfach sagen: »Ich habe nichts getan. Alles läuft gut. Versuch dich einfach zu entspannen und langsamer zu machen.« Wenn Ihr erwachsenes Kind eines Alkoholikers wegläuft, kommt es höchst wahrscheinlich wieder. Vielleicht müssen Sie irgend etwas unternehmen, um sich

selbst zu schützen, aber Sie sollten sich vor Augen halten, daß die Zurückweisung nur vorübergehend ist. Ihr Verständnis wird helfen, die Situation nicht noch komplizierter werden zu lassen.
Wenn erwachsene Kinder von Alkoholikern erkennen, was sie getan haben, fühlen sie sich sehr schuldig und empfinden große Reue. Dann kommen sie zu dem Schluß, daß Sie sie sowieso nicht mehr lieben können, weil sie einfach ein schrecklicher Mensch sind. Wenn sie nicht so schrecklich wären, würden sie genießen können, daß alles gut läuft und würden ihrem eigenen Glück nicht im Weg stehen... Wenn Sie dagegen einfach nicht angehen, werden Sie wahrscheinlich auch das gut überstehen.

Die sechste Angst: »Du wirst entdecken, wie ärgerlich ich bin.«

Erwachsene Kinder von Alkoholikern lernen, ihren Ärger zu unterdrücken. Sie haben die Erfahrung gemacht, daß es nur noch mehr Schwierigkeiten bringt, wenn sie ihren Ärger so äußern, wie andere Kinder es tun. Die Folge ist, daß viele von ihnen voll unterdrückten Ärgers sind. Es besteht die reale Angst, daß der Ärger auf die Eltern und ihre Umgebung in der Beziehung zum Vorschein kommt und sich auf unangemessene Weise gegen Sie richtet. Sie befürchten auch, daß Sie vor Angst weglaufen, wenn Sie sehen, wieviel Ärger in ihnen steckt. Das kann stimmen oder auch nicht, je nachdem, wie Sie selbst auf Ärger reagieren und inwieweit Sie sich davon beeinflussen lassen, wie andere Menschen auf Sie reagieren.

In Beziehungen geschehen Dinge, die frühere Erfahrungen erneut auslösen. Es ist wichtig für Sie und das erwachsene Kind eines Alkoholikers, daß Sie sich gut kennen. Wenn dann etwas geschieht, das Sie nicht gleich verstehen, werden Sie begreifen, daß es auf die Kindheit zurückgeht. Wenn das erwachsene Kind eines Alkoholikers mit unangemessenem Ärger auf eine Situation reagiert, ist die Wahrscheinlichkeit groß, daß dieses Ausmaß an Ärger gar nichts mit dem zu tun hat, was im Augenblick vor sich geht.

Sarah bat Tommy, ein paar Äste wegzuschaffen, die von dem Baum in ihrem Vorgarten in den Garten hinter dem Haus gefallen waren. Für sie waren die Zweige zu schwer, während es für ihn keine Schwierigkeit war, sie zu tragen. Er sagte, er würde das sehr gern für sie tun. Als sie von der Arbeit nach Hause kam und sah, daß noch nichts getan war, wurde sie total wütend. Er war völlig verblüfft, wie ärgerlich sie war, sagte aber: »Tut mir leid. Ich habe das ganz vergessen, aber ich werde das für dich erledigen.« Es ist eindeutig, daß sie überreagiert hat, weil sie wegen einer so belanglosen Sache die Beziehung beenden wollte. Aber wenn Sie Sarahs Reaktion im Zusammenhang damit sehen, daß sie das erwachsene Kind eines Alkoholikers ist, ist der Vorfall von großer Bedeutung.

Zunächst einmal war es ein Kampf für sie, ihn überhaupt um einen Gefallen zu bitten. Es fiel ihr sehr schwer zu sagen: »Ich brauche bei dieser Arbeit Hilfe.« Sie hat gelernt, andere nicht um etwas zu bitten, weil niemals sicher war, ob ihre Bitte erfüllt werden würde. Aber da sie an dieser für sie wichtigen Bezie-

hung arbeitet, hatte sie sich bewußt entschlossen zu fragen.
Außerdem macht sie sich übermäßige Sorgen darum, was die Nachbarn denken könnten, wenn ihr Garten unordentlich aussieht. Diese Beschäftigung mit der Meinung anderer Leute zeigt an, daß sie zu sich selbst noch keine sichere Meinung hat. Als Tommy vergaß, was er ihr versprochen hatte, fühlte sie sich von ihm völlig mißachtet. Sie legte sich das so zurecht: Wenn ihm wirklich etwas an mir liegen würde, hätte er gewußt, daß ich ihn niemals um etwas bitte, was mir nicht wichtig ist, und er hätte es nicht vergessen. Wenn er nicht vergißt, das Holz beiseite zu räumen, bedeutet daß, daß ich ihm wichtig bin. Vergißt er es aber, heißt das, ich bin ihm nicht so wichtig, wie er vorgibt.
Diese große Wut auf ihn ist sicherlich unangemessen. Die Situation gibt Anlaß für Verärgerung, aber nicht für die totale Wut, die sie verspürt. Er war ihren Bedürfnissen gegenüber unsensibel, als er mit ihrer Bitte so beiläufig umging. Seine Reaktion, die Arbeit hinauszuschieben, beruht wiederum auf seiner eigenen Geschichte.
Das Paar muß über diesen Vorfall ausführlich sprechen, damit die Beziehung gesund bleibt. Sie muß verstehen, daß nicht jede ihrer Forderungen automatisch erfüllt werden wird, auch wenn es ihr schwer fällt, um etwas zu bitten. Sie muß auch verstehen, daß sein Aufschieben nichts mit seinen Gefühlen für sie zu tun hat. Wenn er sich weiterhin so verhält, und sie damit nicht leben kann, muß sie die Beziehung vielleicht neu überdenken; aber zunächst einmal sieht es

so aus, daß ihre Reaktion heftiger ist, als es den auslösenden Umständen angemessen ist.
Tommy muß lernen, daß er Arbeiten, denen er zugestimmt hat, auch im Sinne des Menschen erledigen muß, der ihn darum gebeten hat. Wenn er ihr sagt: »Ja, ich werde das für dich tun«, und versteht, wie dringend es ihr damit ist, ist es unfair von ihm, ihre Bitte nicht so zu erfüllen, wie sie sie geäußert hat. Wenn er nicht sicher ist, ob er ihr Anliegen sofort erledigen kann, ist es wichtig, daß er sagt: »Ich werde das für dich tun, aber ich kann dir nicht versprechen, daß das sofort geschieht.«
Das Mitteilen und Besprechen von Gefühlen ist für erwachsene Kinder von Alkoholikern und die Menschen, mit denen sie sich eingelassen haben, ganz entscheidend. Es ist der einzige Weg zu einer gesunden Beziehung.

Die siebte Angst: »Ich schäme mich für mich.«

Vielleicht sind Sie schockiert, wenn Ihnen klar wird, wie gering die Meinung ist, die das erwachsene Kind eines Alkoholikers, auf das Sie sich eingelassen haben, von sich hat. Wahrscheinlich können Sie überhaupt nicht verstehen, wie dieser strahlende, bezaubernde, fähige, liebenswerte Mensch sich selbst als ein Stück *Dreck* betrachten kann! Auch wenn das für Sie keinen Sinn ergibt, ist es doch die Realität und ein tiefes, dunkles Geheimnis.
Der Grund für diese große Scham liegt darin, daß viele erwachsene Kinder von Alkoholikern glauben, sie seien verantwortlich dafür gewesen, daß ihre Fa-

milie gestört war. Vielen wurde von Anfang an gesagt: »Bevor du da warst, war das Leben toll«, »Wenn du nicht solch ein Balg wärst, würde ich nicht trinken.« Nicht nur, daß viele geglaubt haben, für den Alkoholismus verantwortlich zu sein; als sie älter wurden und erfuhren, daß der Alkoholismus eine Krankheit ist, fanden sie sich auch ekelhaft, weil sie immer noch ärgerlich auf ihre Eltern waren und sich durch deren Verhalten gedemütigt fühlten.

Die Botschaft, die sie sich vermittelten, lautete: »Ich muß ziemlich ekelhaft sein, wenn ich für einen Menschen, der krank ist, solche Empfindungen habe.«

Vielleicht haben Sie sich schon gefragt, warum Ihr Partner Sie bis jetzt nicht eingeladen hat, seine Familie zu besuchen. Die oben beschriebenen Gefühle könnten zum Teil auch hierfür der Grund sein. Ihr Partner mag sich gedemütigt fühlen und sich gleichzeitig dafür verurteilen, daß er so empfindet. Außerdem macht er sich sehr viele Sorgen darum, was Sie denken könnten – ob Ihnen immer noch an ihm liegen wird, wenn Sie seine familiäre Situation kennenlernen. Obwohl diese Gefühle von Verantwortung und Scham ganz unangemessen sind, existieren sie. Dieser liebenswerte Erwachsene, den Sie kennen und mögen gelernt haben, macht sich immer noch für Kindheitserfahrungen verantwortlich, über die er gar keine Macht hatte. Wenn Sie dieses Geheimnis entdecken, ruft das beim erwachsenen Kind eines Alkoholikers Angst hervor. Wird dieses Geheimnis gelüftet, verliert es vielleicht an Einfluß. Aber diese Haltung ist so tief verwurzelt, das sie zu dem ständigen Gefühl führt: »Wenn du mich wirklich kennen würdest, wolltest du nichts mit mir zu tun haben.«

Die achte Angst: »Du wirst mich kennenlernen und herausfinden, daß ich nicht liebenswert bin.«

Diese Angst hängt eng mit der Scham zusammen. Das Gefühl, nicht liebenswert zu sein, wurde in der frühen Kindheit erworben.
Das Kind wollte einen Weg finden, die Dinge wieder in Ordnung zu bringen. Ganz gleich, was es auch tat, es war nie gut genug. Ganz gleich, wie sehr es sich auch anstrengte, den anderen war es gleichgültig. Das Kind glaubte als hilfloses Opfer der Situation, daß mit ihm etwas falsch sei, weil es keine Möglichkeit fand, alles in Ordnung zu bringen. Wenn es wirklich liebenswert wäre, würde es auch einen Weg finden, damit das Leben wieder schön und glücklich würde.
Viele erwachsene Kinder von Alkoholikern haben in meinen Armen geweint – »Ich habe versucht, daß es aufhört, daß es anders wird, aber ich konnte es einfach nicht. Und das schlimmste ist, daß ich manchmal, wenn meine Eltern sich zankten, noch nicht einmal dazwischen gegangen bin, weil ich schreckliche Angst hatte, als nächste dran zu sein. Wie kann ich denn liebenswert sein, wenn ich zuerst an mich gedacht habe?«
Die Wahrheit ist, daß der Mensch, an dem Ihnen etwas liegt, liebenswert ist. Es wird ihm schwer fallen, das zu akzeptieren. Sie werden Geduld aufbringen müssen. Die Veränderung der Selbstwahrnehmung braucht Zeit.

Die neunte Angst: »Ich möchte mich wohl fühlen.«

Der Mensch, den Sie gern haben, schreckt vielleicht mit der Begründung davor zurück, sich auf Sie einzulassen, daß er sich »wohl fühlen möchte«. Das ergibt für Sie möglicherweise überhaupt keinen Sinn. Die rationale Erklärung dafür lautet etwa folgendermaßen: »Mein ganzes Leben bestand aus einer ununterbrochenen Serie von emotionalen Krisen. Ich habe das satt. Ich will das nicht mehr. Ich möchte nicht mehr fühlen. Gefühle sind für mich etwas sehr Störendes. Wenn ich mich auf dich einlasse, werde ich aber fühlen müssen. Es wird rauf und runter gehen, und jetzt gerade ist mein Leben ganz in Ordnung, und ich will nicht das Risiko eingehen, mir das wieder zu vermasseln. Wenn ich mich auf dich einlasse, verliere ich die Ausgeglichenheit, die ich jetzt habe. Ich werde anfangen, dich zu mögen, und dann wird es Aufregung für mich geben. Ich werde die verschiedensten Empfindungen haben. Ich will das jetzt nicht! Ich möchte mich wohl fühlen.«

Diese Einstellung wird nicht lange anhalten. Sie steht für eine Phantasie, die viele erwachsene Kinder von Alkoholikern haben, wenn sie eine ausgeglichene Zeit erleben. Sie werden diese Haltung nicht nur deswegen aufgeben, weil sie aktive, lebendige Menschen sind, sondern auch keinen Bezugsrahmen dafür haben.

Es wird ihnen bald sehr langweilig werden, wenn sie sich immer nur wohlfühlen, und sie können nicht dabei bleiben. Die Realität ist, daß die Entwicklung einer gesunden Beziehung ihnen ein Maß an Wohlbefinden schenken wird, wie sie es bislang nicht erfahren haben. Aber das ist ein langer Prozeß, der sehr viel harte Arbeit erfordert.

Die zehnte Angst: »Du wirst mich sowieso verlassen.«

Das erwachsene Kind eines Alkoholikers hat vielleicht Angst, sich auf Sie einzulassen, weil es befürchtet, verlassen zu werden. Die Angst, daß der Mensch, mit dem es zusammen ist, von ihm weggehen wird, ist absolut entsetzlich. Die Angst vor dem Verlassenwerden sitzt viel tiefer als die Angst vor Zurückweisung: »Wenn du mich verläßt, und ich ganz alleine zurückbleibe, muß ich sterben.«

Auch diese Angst ist in der Kindheit verwurzelt und nicht in der augenblicklichen Realität. Sie führt zu einer grundsätzlichen Angst, sich überhaupt einzulassen. Aber wenn die Entscheidung, sich auf Sie einzulassen, erst einmal gefallen ist, stellen Sie vielleicht fest, daß das Kind eines Alkoholikers sehr besitzergreifend, eifersüchtig und unsicher ist. Dieses irritierende Verhalten resultiert aus der Angst vor dem Verlassenwerden. Es stellt ein großes Problem dar, denn wenn dieses besitzergreifende Verhalten außer Kontrolle gerät, sehen Sie sich vielleicht gezwungen, genau das zu tun, was Ihr Partner am meisten befürchtet. Deswegen ist es wichtig, daß Sie dem Kind eines Alkoholikers immer wieder versichern, daß Sie es mögen, daß sie nicht weggehen werden, aber daß es in Ihrem Leben auch noch andere wichtige Menschen gibt. Auch für Ihren Partner ist es wichtig, daß es andere Menschen in seinem Leben gibt. Freunde können eine Beziehung eher bereichern, als ihr schaden. Diese Vorstellung müssen Sie vielleicht immer wieder bestärken und sich gleichzeitig darüber im klaren sein, daß das besitzergreifende Verhalten in einer ganz grundlegenden Angst vor dem Verlassenwerden wurzelt.

Sie müssen auch aufpassen, daß Sie Ihren Partner nicht enttäuschen. Andere Menschen reagieren viel gelassener, wenn Sie vergessen anzurufen oder eine Stunde später kommen. Aber Kinder von Alkoholikern neigen in solchen Situationen zu Überreaktionen; sie geraten in Panik. Sie müssen dafür Verständnis zeigen, damit Ihre Beziehung sich entwickeln, aufblühen und die Sicherheit bieten kann, die Sie beide brauchen.

Vielleicht fragen Sie sich an diesem Punkt, ob all diese Ängste, die ich aufgeführt habe, es überhaupt wert sind, sich damit auseinanderzusetzen. Versuchen Sie sich folgendes klarzumachen: Erstens leiden nicht sämtliche Kinder von Alkoholikern unter all diesen Ängsten. Zweitens sind auch Menschen, die nicht mit dem Alkoholismus aufgewachsen sind, nicht frei von diesen Ängsten. Drittens haben Kinder von Alkoholikern die größten Schwierigkeiten in der Beziehung zu sich selbst. Ihr größtes Handicap ist ihre Unfähigkeit, sich als wertvollen und liebenswerten Menschen zu sehen. Das Wertvollste an ihnen ist ihre Fähigkeit, *Ihnen* das Gefühl zu vermitteln, daß *Sie* ein wertvoller und liebenswerter Mensch sind. Sie können viel gewinnen, wenn Sie sich mit dem Kind eines Alkoholikers einlassen. Die Schwierigkeiten, auf die Sie stoßen, können überwunden werden, wenn beide Seiten bereit sind, an der Partnerschaft zu arbeiten. Wenn Sie wach und verständnisvoll bleiben, haben Sie das Potential für die Lösung der meisten Schwierigkeiten in der Hand.

Wenn Sie die typischen Züge von erwachsenen Kindern von Alkoholikern kennen, wissen Sie, in welcher Richtung Sie Veränderungen bewirken können. Dann können Sie schwierige Bereiche genau einkreisen und Sie haben mehr Freiheit in der Wahl von Möglichkeiten, die Ihnen den Kampf um eine gesündere Beziehung erheblich erleichtern.

6

Das ganze Bild

1. Erwachsene Kinder von Alkoholikern haben keine klare Vorstellung davon, was normal ist.

Wahrscheinlich haben Sie beschlossen, nicht die Art von Beziehung zu leben, die Ihre Eltern hatten. Was Sie auch sonst in Ihrem Leben tun mögen, das steht in jedem Fall für Sie fest. Aber so leicht werden Sie trotzdem nicht davonkommen!

Da Sie nun einmal beschlossen haben, nicht erneut das zu erleben, was bei Ihnen zu Hause vor sich ging – was werden Sie statt dessen bekommen? Woher nehmen Sie Ihre Vorbilder? Genau, Sie haben es: aus den Medien – Lindenstraße – Schwarzwaldklinik. Vielleicht haben Sie sich auch eine Familie aus dem Wohnblock ausgesucht, in der alles zusammen gemacht wird, und die Sie für ideal halten. Das sind alles Phantasien. Wenn Sie irgendwelche Vorstellungen von idealen familiären Beziehungen haben, müssen Sie sich auf Enttäuschungen gefaßt machen. Zumindest werden Sie desillusioniert werden.

Vor allem kann keine Frau das Brot immer selbst backen, eine ideale Mutter sein, das Haus makellos sauber halten, Karriere machen, Sexobjekt und Gefährtin sein, immer ein offenes Ohr haben, ohne jemals mit eigenen Problemen zu kommen. Noch kann ein Mann ein perfekter Vater sein, dreizehn bis vierzehn Stunden am Tag seine Karriere verfolgen, alle Reparaturen sofort erledigen, ständig aufmerksam und zugewandt sein und sämtliche Rechnungen sorg- und klaglos bezahlen.

Weil Sie beschlossen haben, daß so das Gegenteil von Ihrem Zuhause aussieht, versuchen Sie »perfekt« zu sein. Dieses Verhalten bringt Ihnen weder einen Heiligenschein noch Anerkennung ein, sondern führt zu völliger Erschöpfung und zu Groll.

Normal ist in einer Beziehung das Verhalten, das für Sie als Paar vernünftig und angenehm ist. Normalität bedeutet, Verhaltensweisen, die Ihnen unangenehm sind, zu besprechen und durchzuarbeiten. Menschen haben unterschiedliche Stärken und Schwächen, es gibt also keine Schablone, die für alle passen muß. Ein Paar definiert seine eigenen Normen und richtet sich dabei danach, was beiden gut tut.

Streß von außen wird Ihnen dazwischen kommen und das Gleichgewicht stören, aber Sie werden sich auch diesen Themen als Paar zuwenden. Sollten Sie Paare kennen, deren Beziehung Sie bewundern, dann sprechen Sie mit ihnen: finden Sie heraus, warum es zwischen den beiden so gut läuft – und entscheiden Sie dann, ob Sie davon etwas übernehmen können.

2. ***Erwachsenen Kindern von Alkoholikern fällt es schwer, ein Vorhaben von Anfang bis Ende durchzuführen.***

Eine Beziehung ähnelt insofern einem Projekt, als auch sie einen Prozeß beinhaltet. Aus dem gleichen Grunde, aus dem es Ihnen schwer fällt, ein Projekt von Anfang bis Ende durchzuführen, werden Sie auch Schwierigkeiten damit haben, eine Beziehung zu entwickeln. Halten Sie sich vor Augen, daß gesunde Beziehungen langsam wachsen; sie entstehen nicht einfach über Nacht. Denken Sie an den Alkoholismus in Ihrer Familie, der ebenfalls langsam entstanden ist. Auch die Dinge, die Ihnen gut tun, entwickeln sich langsam.

Es ist wichtig zu erkennen, daß der entscheidende Teil einer Beziehung die Reise selbst ist. Slogans der Anonymen Alkoholiker wie »Leichtigkeit bringt's« und »Tag für Tag« gelten für Beziehungen ebenso wie für alles andere. Obwohl es sehr schwer ist, geduldig zu sein, gibt es keine andere Möglichkeit. Sie können nicht in kurzer Zeit alles übereinander wissen, ganz gleich, wie intensiv Ihre anfängliche Begegnung ist. Auch wenn Sie ein ganzes Wochenende Tag und Nacht zusammen verbringen, können Sie nicht wissen, wie eine längerfristige Beziehung Tag für Tag verläuft, solange Sie das nicht selbst erleben. Sie brauchen Zeit, um eine gesunde Beziehung aufzubauen.

Als Kind waren Sie vollkommen offen und vertrauensvoll und haben alles von sich gegeben. So verhalten sich Kinder. Während Sie älter wurden, haben Sie gelernt, sich etwas zurückzuhalten. Das war wichtig für Ihr eigenes Überleben. Jetzt sagen Sie: »Ich werde nicht mehr 100% geben. Vielleicht gebe ich 80 oder 75%, aber ich bin nicht imstande, 100% zu geben.« Es ist wichtig, daß Sie Ihr übliches Vorgehen, gleich zu Anfang emotional sehr viel zu investieren, verändern. Beschließen Sie statt dessen bereits vorher, Grenzen zu setzen.

Andere Menschen müssen das nicht erst beschließen. Für sie ist es ganz natürlich, langsam vorzugehen; zu Beginn der Beziehung geben sie 10 oder 15%. In dem Maße, wie die Beziehung sich entwickelt, geben sie dann auch mehr. Ihr Engagement wächst in dem Maße, wie sich beide Partner in die Beziehung einbringen.

Beginnen Sie nicht am andere Ende der Skala, nämlich damit, daß Sie alles geben, was Sie haben. Erlauben Sie, daß Ihr Geben sich ebenso natürlich mit der Zeit entwickelt, wie die Beziehung sich entfaltet. Im Verlaufe dieses Prozesses werden Sie dann wissen, wieviel Sie geben möchten und was Ihnen wirklich entspricht.

3. Erwachsene Kinder von Alkoholikern lügen, wo es ebenso leicht wäre, die Wahrheit zu sagen.

Es ist wichtig für Sie zu erkennen, daß Sie vielleicht ganz automatisch lügen. Das ist einer gesunden Beziehung nicht förderlich. Wahrscheinlich halten Sie vor allem die Wahrheit über Ihre Gefühle zurück. Achten Sie darauf, daß Sie sich nicht in eine Position bringen, wo Ihr Partner allem mißtraut, was Ihnen über die Lippen kommt. Sie können einfach sagen: »Manchmal teile ich nicht ehrlich mit, wie ich mich fühle, aber wenn mir das klar wird, möchte ich dir später sagen können, daß ich nicht wirklich gesagt habe, was ich meinte.« Manchmal hilft es, wenn Sie aufschreiben, was Sie sagen möchten. Wenn Sie dazu neigen, sich in Situationen, in denen Sie ehrlich sein möchten, defensiv und unaufrichtig zu verhalten, schreiben Sie auf, was Sie sagen wollten und lesen es Ihrem Partner vor. »Das wollte ich dir eigentlich sagen. Laß es mich dir einfach vorlesen, und dann können wir von da aus weitersehen.« Vielleicht können Sie geschriebener Kommunikation eher trauen als den Worten, die spontan aus Ihrem Mund kommen. Wenn Sie sich in der Beziehung wohler und sicherer fühlen, wird es Ihnen auch leichter fallen, entgegen Ihrer sonstigen Gewohnheit zu sagen, was Sie meinen.

4. Erwachsene Kinder von Alkoholikern verurteilen sich gnadenlos.

Seien sich bewußt, daß Sie dazu neigen, sich automatisch die Schuld zu geben. Versuchen Sie lieber, sich die konfliktbesetzten Themen und Umstände anzuschauen, statt sich oder Ihrem Partner die Schuld zu geben. Wenn Sie oder Ihr Partner Verhaltensweisen zeigen, die Sie unglücklich machen, dann treten Sie einen Schritt zurück, schauen sich das Verhalten an und versuchen zu verstehen, was es bedeutet. Wenn Sie objektiv bleiben, werden Sie die Situation mit anderen Augen betrachten können und nicht so streng urteilen. Das wird für Sie ein Kampf sein, weil Sie dazu neigen, automatisch zu verurteilen. Entwickeln Sie eine Faszination für sich und Ihre Reaktionsweisen. Sie sind ein sehr interessanter Mensch. Je genauer Sie sich Ihr Verhalten anschauen, desto besser werden Sie sich kennenlernen. Aber natürlich besteht dabei immer das Risiko, daß Sie wirklich anfangen könnten, sich zu mögen!

5. Erwachsenen Kindern von Alkoholikern fällt es schwer, Spaß zu haben.
6. Erwachsene Kinder von Alkoholikern nehmen sich sehr ernst.

Spiel und Spaß sind wunderbare Ziele. Es kann wichtig sein, daß Sie in einer Beziehung sagen können: »Ich lerne gerade, wie ich spielen und Spaß haben kann. Ich möchte das ganz oft tun, weil ich es als Kind niemals gelernt habe. Wenn du den Anfang machst, mache ich mit. Ich weiß noch nicht einmal, wie ich mir Dinge, die Spaß machen, ausdenken kann, aber ich werde mein Bestes tun, um mitzumachen, was du vorschlägst. Vielleicht werde ich in relativ kurzer Zeit mit eigenen Vorschlägen kommen.« Spaß in einer Beziehung zu haben ist wichtiger, als an ihr zu arbeiten. Aber lernen, Spaß zu haben, ist eine ernsthafte Angelegenheit – für Sie.

Für viele Menschen in der »Erwachsenenwelt« gehören auch soziale Kontakte zu den Dingen, die ihnen Spaß machen. Sie hingegen müssen vielleicht sogar lernen, wie Sie eine Party überhaupt überstehen können.

Im folgenden einige Äußerungen meiner Klientinnen und Klienten zum Thema soziale Kontakte.

»Ich bin erst neulich in eine andere Stadt gezogen«, sagte John. »Ich wollte sehr gern ein paar Menschen treffen und neue Freundschaften schließen. Obwohl ich mich vor allem nach einer Frau sehnte, wäre ich fürs erste auch damit zufrieden gewesen, wenn ich ein paar Jungens getroffen hätte, mit denen ich hätte losziehen können. Ich fühle mich einsamer und isolierter als sonst, und ich weiß, daß ich selbst etwas dagegen unternehmen muß. Letzten Samstagabend gaben die Anonymen Alkoholiker eine Party in Boston, was etwa eine halbe Stunde entfernt ist. Ich beschloß hinzugehen. Ich fuhr die halbe Stunde mit dem Auto, fuhr auf den Parkplatz, parkte mein Auto und fühlte mich sofort depressiv, startete die Zündung und fuhr nach Hause. Wenn ich depressiv bin, bin ich für mich und andere in keiner Weise zu gebrauchen. Es war nicht so, daß ich in den sauren Apfel hätte beißen und trotzdem gehen können. Ich war völlig fertig.«

Connie gab an: »Die Ängste, die ich habe, bevor ich irgendwo hingehe, sind so überwältigend, daß ich mich ständig frage, ob die Sache es überhaupt wert ist. Ich habe ein komplettes Make-up- und Maniküre-Set sowie einen Fön in meinem Wagen dabei, falls ich noch letzte Hand anlegen muß, um anständig auszusehen. Wenn auch nur ein Härchen nicht sitzt, finde ich mich nicht akzeptabel.«

»Als wir letzten Sonntag auf der Party waren, bist du fast den ganzen Abend nicht von meiner Seite gewichen. Hast du das getan, weil ich dir leid tat?« fragte Mary Jim. Sie fuhr fort: »Ich bleibe lieber zu Hause als auszugehen. Meine Ängstlichkeit wird auf einer Party immer größer, und spätestens nach einer Stunde überrollt sie mich dermaßen, daß ich weiß, ich muß da raus.«

Das sind ziemlich typische Reaktionen von Kindern von Alkoholikern auf eine soziale Situation. »Laß uns eine Party geben« oder »Laß uns auf eine Party gehen« wird nicht mit Begeisterung aufgenommen, sondern mit den verschiedensten Abstufungen von blankem Entsetzen. Woher kommt dieses Entsetzen? Was bedeutet es? Kann man lernen, anders zu reagieren?

Lassen Sie mich zuerst klarstellen, daß sich nicht nur Kinder von Alkoholikern in Kontaktsituationen und vor allem in solchen, in denen sie unbekannten Menschen begegnen, ängstlich fühlen. »Was soll ich sagen?« »Wird man mich akzeptieren?« »Ist mein Aussehen in Ordnung?« Das sind verbreitete Bedenken. Ich habe noch niemals jemanden sagen hören: »Ich liebe Cocktailparty-Gespräche«, »Es macht totalen Spaß, zu einer Single-Gruppe zu gehen« oder »Die Kneipenszene ist ein Segen für die Menschheit«. Die Realität sieht so aus, daß soziale Kontakte für die meisten Menschen Arbeit sind. Manche genießen sie, andere überstehen sie ganz gut, aber viele kommen kaum damit zurecht. Menschen, die sich mit Drogen aufmöbeln, sind meistens erst am nächsten Tage wie-

der in der Lage, die Realität richtig einzuschätzen. Sicher werden ihre Ängste vermindert, aber ihr ausgelassenes Verhalten vom Abend zuvor sieht im Licht des nächsten Tages ganz anders aus.
Kinder von Alkoholikern neigen zu stärkeren Reaktionen als andere Menschen. Warum? Und wieder geht es zurück zu jenen aufregenden Tagen, die viele Jahre zurückliegen. Parties, Festlichkeiten, Ferien – das alles waren Variationen ein und desselben Themas. Der Besuch sozialer Ereignisse mit der Familie zusammen brachte meistens Peinlichkeiten. Sie haben gebetet, daß der Alkoholiker in Ihrer Familie sich nicht betrinken möge. Sie haben versucht, sich so klein wie möglich zu machen, damit andere nicht dachten, daß sie zu ihm/ihr gehörten. Sie haben besorgt daran gedacht, daß sie sich um den trinkenden Elternteil würden kümmern müssen. Sie verspürten den verzweifelten Wunsch, noch bevor sie ankamen wieder zu gehen. Schließlich hörte Ihre Familie ganz auf, Parties zu besuchen. Sie wurden isoliert.
Ferien waren immer der reinste Alptraum. Sie waren ganz aufgeregt vor Weihnachten oder anderen Feiertagen, und dann endete alles mit Zank und Streit. Sie waren enttäuscht und aufgebracht. Es kam unweigerlich zu schlimmen Situationen. Vielleicht wurde Ihr Geburtstag vergessen, oder wenn Sie ein Fest gaben, waren Sie in Panik. Sie konnten niemals sicher sein, daß alles gut gehen würde. Der Besuch Ihrer Freunde bei Ihnen zu Hause war ein so ungewöhnliches Ereignis, daß schon die bloße Vorstellung, sie könnten kommen, Ängste hervorrief.

Da Sie zunehmend isoliert wurden, hatten Sie nicht viel Erfahrung mit sozialen Anlässen. Ihre Eltern waren nicht für Sie da, um Ihnen beizubringen, wie man sich in solchen Situationen verhält. Sie haben Ihnen nicht gezeigt, wie man sich schön anzieht, sich wohlfühlt oder mit fremden Menschen spricht. Ganz gleich also, wie angenehm und charmant andere Menschen Sie finden, innerlich haben Sie immer das Gefühl, ihnen allen etwas vorzumachen.

Sie glauben, daß die attraktive, schön angezogene, charmante, intelligente und warmherzige Person, die andere in Ihnen sehen, nur in deren Phantasie existiert. Das ist der Grund für die Depression und die extremen Ängste bei der Vorstellung, eine Party zu besuchen. Sie werden zurückgeworfen auf Ihre Kindheit und jene traumatischen, frühen Erfahrungen.

Sie können es sich leichter machen, wenn Sie beschließen, auszugehen:

1. Gehen Sie nicht allein. Gehen Sie mit einem guten Freund oder einer guten Freundin.
2. Fahren Sie mit dem eigenen Wagen.
3. Planen Sie Ihr Weggehen, bevor Sie ankommen.
4. Lesen Sie die Tageszeitung.
5. Finden Sie heraus, ob Alkohol angeboten wird.
6. Erlauben Sie sich Ihre Ängste.
7. Versprechen Sie sich, einem neuen Menschen zu begegnen.
8. Machen Sie sich nützlich. Reichen Sie die Kartoffelchips herum oder leeren Sie die Aschenbecher aus.
9. Ganz gleich, was geschieht, gratulieren Sie sich selbst dazu, daß Sie den Entschluß hinzugehen auch wahr gemacht haben.

Das nächste Mal wird es schon leichter gehen. Alles, was Sie brauchen, ist etwas Praxis.

7. Erwachsene Kinder von Alkoholikern haben Schwierigkeiten mit intimen Beziehungen.

Erkennen Sie das als eine Wahrheit, die für fast jeden gilt. Sie sind nicht der einzige Mensch, der Schwierigkeiten hat. Akzeptieren Sie diese Tatsache. Auch für andere Menschen sind intime Beziehungen schwierig; sonst wäre die Scheidungsrate nicht so hoch. Erkennen Sie diese Schwierigkeit als eine Hürde an und fassen Sie den Entschluß, an der Überwindung dieses Hindernisses zu arbeiten. Das klingt so leicht, ist es aber nicht. Akzeptieren ist niemals leicht, aber es schenkt Ihnen die Freiheit, sich zu verändern und Ihr Leben zu bereichern.

8. Erwachsene Kinder von Alkoholikern zeigen eine Überreaktion bei Veränderungen, auf die sie keinen Einfluß haben.

Harriet ist seit Tagen wütend auf Arthur und kann ihren Ärger nicht für sich behalten. Als sie vor ein paar Tagen eine Tanzveranstaltung besuchten, hat sie sich sehr unter Druck gesetzt, sich zu amüsieren, mitzumachen und sich einzulassen. Als der Discjockey rief: »Damenwahl!«, sagte sie sich: »Also gut. Ich werde einen Schritt nach vorn tun und jemanden zum Tanzen auffordern.« Gerade als sie zu diesem Entschluß gekommen war, trat Arthur auf sie zu und bat sie um den Tanz. Sie fertigte ihn unsanft ab und ging weg. Dieser Vorfall versetzte sie in ihre Kindheit zurück, wo ihr Vater ihr jede Möglichkeit genommen hatte, etwas allein und auf ihre Weise zu machen und ihre eigenen Fehler zu begehen. Weil er sehr dominierend und tyrannisch war, fühlte sie sich unterdrückt. Diese Gefühle kamen hoch, als Arthur sie zum Tanzen aufforderte.

Da Harriet das Kind eines Alkoholikers ist, paßt sie sich an und tut, was man ihr sagt. Sie geht davon aus, daß andere Menschen sich genauso verhalten. Als der Discjockey sagte: »Und jetzt Damenwahl!«, nahm sie an, das gelte für alle. Arthur jedoch unterwarf sich dieser Aufforderung nicht; er wollte mit ihr tanzen und ließ sich vom Discjockey nicht vorschreiben, was er zu tun hatte.

Harriet hatte auf eine Situation überreagiert, auf die sie keinen Einfluß hatte. Arthur hatte für sich beschlossen, die Regeln zu ändern. Sie konnte aber aufgrund ihrer Überreaktion nicht einfach zu ihm sagen: »Später. Im Augenblick möchte ich einmal etwas anderes ausprobieren.«

Es ist wichtig für Sie als Kind eines Alkoholikers, daß Sie erkennen, was Sie sich selbst antun, wenn Sie so stark auf eine Veränderung reagieren. Es bedeutet nicht, daß der Mensch, mit dem Sie zusammen sind, es auf Sie abgesehen hat. Es kann einfach heißen, daß er sich nicht so an Regeln hält oder spontaner ist als Sie. Es ist wichtig für Sie, dem anderen darzulegen, daß Sie nicht so flexibel sind. Dann weiß er, daß seine Vorschläge von Ihnen nicht immer so aufgenommen werden, wie er sie gemeint hat.

Vielleicht erscheint Ihnen Flexibilität als ein lohnenswertes Verhalten, an dem Sie arbeiten möchten. Sie müssen erkennen, daß der Wunsch und die Fähigkeit, diese Veränderung zu bewirken, zwei verschiedene Dinge sind. Finden Sie heraus, was in Ihrem Partner vorgeht, wenn er eine Regel abändert. Was Sie als persönlichen Angriff empfinden, kann ganz andere Beweggründe haben. Es ist nur fair, daß Sie diese Beweggründe herausfinden und klar erkennen, daß Ihre Reaktion nicht dem augenblicklichen Vorfall gilt, sondern sich auf Ihre Vergangenheit bezieht. Nur dann können Sie Wunsch und Fähigkeit in Einklang bringen.
Vielleicht werden Sie niemals der leichtherzige, flexible, zu allem aufgelegte Mensch, der Sie gern sein möchten, aber es ist lohnenswert, sich in diese Richtung zu bewegen und ihr Zeit und Energie zu widmen.

9. Erwachsene Kinder von Alkoholikern suchen ständig Anerkennung und Bestätigung.

Es ist wichtig, daß Sie erkennen, wie sehr Sie auf die Anerkennung Ihres Partners aus sind. Das kann für Sie in einer Beziehung zur wirklichen Falle werden. Und trotzdem ist es genauso wichtig für Sie, daß Sie mit jemandem zusammen sind, der Sie bestätigt, schätzt und unterstützt. Eine gesunde Beziehung besteht aus zwei Menschen, die sich gegenseitig das Recht auf Ihre Empfindungen einräumen und sich das Gefühl geben, ein wertvoller Mensch zu sein. Wenn die Anerkennung Ihres Partners jedoch ausschlaggebend für Sie wird, fangen Sie an, sich in der Beziehung zu verlieren. Wenn Sie seine Anerkennung brauchen, um sich mit sich selbst gut fühlen zu können, sind Sie sehr leicht manipulierbar, wenn diese Anerkennung Ihnen vorenthalten wird.

Sie müssen nach Ihrer eigenen Anerkennung trachten. Das heißt nicht, daß Sie Ihrem Partner nicht gefallen möchten oder sich nicht wunderbar fühlen, wenn er Sie anerkennt. Aber wenn Ihr Selbstwertgefühl auf der Anerkennung eines anderen Menschen beruht, ist Ihre Beziehung keine erwachsene mehr. Sie haben zugelassen, daß Ihr Partner für Sie zum Elternteil wird, der sagt: »Ja, du bist gut, nein, du bist schlecht.« Das ist für Erwachsene nicht erstrebenswert.

Sollten Sie sich in dieser Situation befinden, dann versuchen Sie sich daran zu erinnern, daß eine Eltern-Kind-Beziehung nicht das ist, was Sie wirklich wollen. Wenn Sie sich wünschen, daß Ihr Partner Sie bestätigt und Ihnen sagt, Sie seien wundervoll, ist das etwas anderes. Das gehört zu jeder gesunden Beziehung dazu und hilft Ihnen, sich selbst mehr zu schätzen. Aber vor allem müssen Sie begreifen lernen, daß das Wunder Ihres Daseins ganz unabhängig von der Anerkennung anderer Menschen existiert.

10. Erwachsene Kinder von Alkoholikern haben meistens das Gefühl, anders zu sein als andere Menschen.

Das Gefühl, anders zu sein als andere Menschen, scheint Sie Ihres ganzes Leben lang zu begleiten. Dieses Gefühl, das durch Ihre Isolation als Kind verschärft wurde, ist sehr schwer zu überwinden. Aber es muß keine große Sache bleiben, die Sie zum Beispiel in der Form mit sich herumschleppen, daß Sie denken: »Ich bin anders, weil ich nichts wert bin.« Sie sind anders, weil Sie einzigartig sind und Ihre eigene Persönlichkeit entwickeln.

Tun Sie in einer Beziehung nicht so, als wären Sie nicht anders, sondern fangen Sie an, Ihre Individualität zu erkennen, und fordern Sie auch Ihren Partner auf, sich an seiner Individualität zu freuen. Das wird Ihre Einzigartigkeit als Paar vertiefen. Auch wenn Sie sich vielleicht immer anders fühlen werden als andere Menschen, können Sie beschließen, daß Sie dadurch interessanter und nicht uninteressanter werden.

Es ist auch an der Zeit für Sie zu erkennen, daß anders sein nicht automatisch wertlos sein heißt. Wir alle sind verschieden. Unser Wachsen vertieft unsere Einzigartigkeit, was nicht bedeutet, daß es Ihr Schicksal ist, allein oder einsam sein zu müssen. Es bedeutet lediglich, daß Sie ein selbständiges Individuum sind.

11. Erwachsene Kinder von Alkoholikern sind extrem zuverlässig, auch wenn offensichtlich ist, daß etwas oder jemand diese Zuverlässigkeit gar nicht verdient.

Ihre Zuverlässigkeit ist einer Ihrer größten Vorteile und einer Ihrer größten Nachteile. Jeder, der sich mit Ihnen einläßt, kann sich sehr glücklich schätzen, weil er sich auf Sie verlassen kann. Vielleicht laufen Sie vor bestimmten Themen davon, aber Ihre Zuverlässigkeit gegenüber Menschen, an denen Ihnen etwas liegt, kennt keine Grenzen. Obwohl das ein wunderbarer Zug an Ihnen ist, muß er mit Vernunft gedämpft werden. Sie könnten fortfahren, sich einem Menschen gegenüber zuverlässig zu verhalten, dessen Verhalten nicht zu entschuldigen ist. Vielleicht müßten Sie aber aufgrund dieses nicht akzeptablen Verhaltens eine Beziehung oder eine Freundschaft beenden. Es ist wichtig, daß Sie erkennen, wo Sie einen Strich ziehen müssen.

Die Zuverlässigkeit anderen gegenüber hat keinen Vorrang gegenüber allem anderen. An erster Stelle müssen Sie für sich selbst da sein. Stellen Sie sich folgende Fragen: Gibt mir diese Beziehung das, was für mich gut ist? Gibt mir diese Beziehung ebensoviel, wie ich hineingebe? Bilde ich mir ein, daß diese Beziehung sich aufgrund meiner Zuverlässigkeit schon so entwickeln wird, wie ich es will? Das ist eine sehr wichtige Frage. Wenn Sie die Beziehung realistisch betrachten, und sie Ihnen weniger gibt, als Sie brauchen und wollen, und Sie beide nicht bereit sind, Probleme gemeinsam zu bearbeiten, müssen Sie sie vielleicht neu einschätzen. Weggehen ohne den Versuch, sich nach Lösungen umzuschauen, ist ebenso wenig eine gute Idee, wie in der Beziehung zu bleiben, weil das das einzige Verhalten ist, was Sie kennen. Ihre Familie war in dieser Hinsicht sehr zuverlässig. Aber der Weg zur Genesung begann, als diese Zuverlässigkeit allen anderen gegenüber mit Vernunft und Verantwortung gedämpft wurde. An erster Stelle muß stehen, daß Sie für sich selbst da sind.

12. Erwachsene Kinder von Alkoholikern sind entweder übertrieben verantwortlich oder total verantwortungslos.

Das Schöne an einer gesunden Beziehung ist unter anderem, daß Sie nicht mit allem allein fertigwerden müssen. Sie können das Ihre und Ihr Partner das Seine dazu beitragen. Wenn Probleme auftauchen, können Sie beide sich zusammensetzen und eine Lösung ausarbeiten. Es ist wichtig für Sie zu erkennen, daß Sie nicht alleine sind. Gemeinsam mit einem anderen Menschen zu planen ist für Sie etwas Neues, aber es nimmt Ihnen eine große Last von den Schultern. Ganz gleich, was auch geschieht, es gibt jemandem, mit dem Sie es besprechen können, jemanden, den Sie an Ihren Überlegungen, wie Sie etwas erreichen könnten, teilhaben lassen können. Das gilt auch für Ihren Partner. Auch er wird Sie in Dinge einbeziehen, die er gern machen möchte.

Sie sind nicht alleine. Wenn Sie zum Beispiel ein Essen zubereiten oder etwas erledigen müssen, können Sie Hilfe bekommen. Wenn Sie etwas klären müssen, was für Sie nicht entwirrbar ist, können Sie sich helfen lassen. Sie müssen nicht die ganze Verantwortung übernehmen. Sie können anfangen, Ihr Leben ins Gleichgewicht zu bringen. Während Sie sich um einige Dinge kümmern, kann Ihr Partner andere erledigen. Sie können sich Aufgaben teilen, und das ist es, was eine Beziehung ausmacht.

Es wird Ihnen nicht leicht fallen zu vertrauen, daß jemand für Sie da ist, oder die Tatsache zu akzeptieren, daß das Wort des anderen gilt. Es wird Ihnen sogar schwerfallen zu glauben, daß ein Problem nicht einzig und allein Ihres ist. Aber geteilte Verantwortung ist ganz wesentlich für eine gesunde Beziehung.

Wenn Sie ein Mensch sind, der total verantwortungslos ist, und all das Sorgen und Kümmern dem anderen überlassen, entstehen ganz andere Probleme. Vielleicht finden Sie jemanden, der Lust hat, die Dinge für Sie zu erledigen. Es gibt Menschen, die es genießen zu geben, und die es nicht für wichtig halten, etwas zu bekommen. Natürlich sind viele von Ihnen erwachsene Kinder von Alkoholikern. Aber mit der Zeit wird Ihr Partner Groll auf Sie entwickeln, wenn Sie nicht verantwortungsvoller werden. Es gibt eine Grenze dafür, wieviel ein Mensch geben kann, ohne etwas dafür zurückzubekommen.

Ziehen Sie also in Betracht, daran zu arbeiten, daß Sie mehr Verantwortung übernehmen. Aber auch das hat seine Fallgruben. Wenn Sie mit jemandem zusammen sind, der beschlossen hat, sich um Sie zu kümmern, haben Sie ein Eltern-Kind-Spiel angefangen. Beschließen Sie dann, mehr Verantwortung zu entwickeln, kann es sein, daß Sie auf Widerstand und Groll stoßen.

Verantwortungslosigkeit ist jedoch mit einer gesunden Beziehung nicht vereinbar. Sie müssen an diesem Verhaltenszug arbeiten, aber Sie brauchen das nicht alleine tun. Wenn Sie in einer sich entwickelnden Beziehung leben und mehr Verantwortung übernehmen wollen, was bislang nicht Ihr Stil gewesen ist, dann sprechen Sie mit Ihrem Partner darüber. Sie können sagen: »Ich möchte mehr tun und mich aktiv beteiligen, und dafür brauche ich deine Hilfe.« Beziehungen bestehen aus Geben und Nehmen. Sie sind nicht einseitig.

13. Erwachsene Kinder von Alkoholikern sind impulsiv. Sie neigen dazu, sich mit Verhaltensweisen festzurennen, ohne alternative Handlungsmöglichkeiten oder eventuelle Konsequenzen ernsthaft zu bedenken. Diese Impulsivität führt zu Verwirrung, Selbstverachtung und Kontrollverlust über ihre Umgebung. Das Resultat ist, daß sie enorm viel Energie aufbringen müssen, um das angerichtete Durcheinander wieder zu beheben.

Ihre Impulsivität ist einer Ihrer größten Feinde. Wenn Sie den Zwang verspüren, einen Anruf machen, nach Europa fliegen, heiraten oder eine Beziehung beenden zu müssen – schieben Sie Ihr Vorhaben am besten eine Weile auf. Rufen Sie eine Stunde später an, fällen Sie den Entschluß über die Europareise morgen, warten Sie bis Mitte der Woche, bevor Sie sich verloben oder eine Beziehung beenden. Wenn Sie sich diese Zeit erst einmal genommen haben, dann zwingen Sie sich, die Alternativen und Konsequenzen Ihres Vorhabens zu bedenken. Wenn Sie das allein nicht können, dann finden Sie jemand, der Ihnen dabei helfen kann. Haben Sie die verschiedenen Möglichkeiten erst einmal durchdacht, können Sie eine vernünftige Entscheidung treffen (die mit dem impulsiven Entschluß übereinstimmen kann, aber nicht muß). Das ist die einzige Möglichkeit, die volle Verantwortung für Ihr Handeln zu übernehmen. Wenn die Dinge später nicht so gut laufen, können Sie nicht sagen, »hätte ich doch nur…«. Und wenn es gut geht, wissen Sie, daß das nicht von Schicksal, Glück oder Zufall abhängt, sondern Ihrer eigenen Fähigkeit, vernünftig zu überlegen, zu verdanken ist.

Zum Abschluß

Das Familiensystem, das durch den Alkoholismus beeinträchtigt wird, ist gestört. Gestörte Familiensysteme bringen gestörte Beziehungen hervor. Ihr Verhalten beruht auf dem, was Sie als Kind erfahren haben, aber für sich selbst nicht möchten. Wenn Sie wissen, was Sie nicht möchten, heißt das noch nicht, daß Sie wissen, *was* Sie möchten.

Sie müssen lernen, wie eine gesunde Beziehung aussieht.

Sie müssen lernen, wie Sie dort hingelangen.

Sie müssen Gewohnheiten verändern, die zu nichts führen.

Das geht nicht ohne Anstrengung.

Das geht nicht ohne Fehler und auch nicht ohne Phasen der Entmutigung.

Aber so ist es – mit Gemeinsamkeit, Liebe, Intensität, Freude, Erregung, Kameradschaft, Verständnis, Zusammenarbeit, Vertrauen, Wachsen, Sicherheit und Gelassenheit.

Die Wahl liegt bei Ihnen – und auch die Aufgabe.

Empfohlene Literatur

1. Thomas A. Harris: *Ich bin o.k. Du bist o.k. Wie wir uns selbst besser verstehen und unsere Einstellung zu anderen ändern können. Eine Einführung in die Transaktionsanalyse.* Reinbek: Rowohlt 1978.

2. Jordan Paul und Margaret Paul: *Do I Have to Give Up Me To Be Loved By You.* Minn.: CompCare 1984.

3. M. Scott Peck: *Der wunderbare Weg. Eine neue Psychologie der Liebe und des spirituellen Wachstums.* München: Goldmann 1989.

4. William V. Pietsch: *Human Be-Ing. How to Have A Creative Relationship Instead of A Power Struggle.* N.Y.: Signet 1974.

5. Charlotte Vale Allen: *Daddy's Girl.* N.Y.: Berkeley Books 1980.

6. Janet G. Woititz: *Um die Kindheit betrogen. Hoffnung und Heilung für erwachsene Kinder von Suchtkranken.* München: Kösel 1990.

7. Janet G. Woititz: *Marriage on the Rocks.* Health Communications 1979.